Das unheilige Buch

Erich von Däniken,
geboren am 14. April 1935 in Zofingen/Schweiz, landete 1968 mit seinem Titel *Erinnerungen an die Zukunft* einen Weltbestseller, dem 42 weitere Bücher folgten. Er ist der meistgelesene und meistkopierte Sachbuchautor der Welt. Seine Werke wurden in 32 Sprachen übersetzt und erreichten eine Weltauflage von ca. 70 Millionen Exemplaren. Mehrere seiner Bücher wurden verfilmt, und nach EvDs Ideen entstanden diverse Fernsehserien.

Das Buch

- Abraham gilt als Urvater der Menschheit. Doch der Blick auf seine Familie bringt Erstaunliches ans Licht: Abrahams Vater Therach lebte in Ur, der »Stadt der Himmlischen«. Priester betrieben dort einen Sternenkult. Sie verehrten »Götter, die vom Himmel gekommen waren«. Stammte Abraham von ihnen ab?
- König Salomon konnte auf wundersame Weise große Distanzen zurücklegen. Offenbar nutzte er ein Flugobjekt. Dafür sprechen Anlagen, die er errichten ließ. Sie lagen auf Bergen und waren Tausende Kilometer voneinander entfernt. Auf zum Teil über 3000 Metern Höhe fand man seltsame Bauwerke, die möglicherweise bei der Navigation halfen oder eine Art Bodenstation waren.
- Die Bundeslade ist gemäß den großen Religionen eines der wichtigsten Heiligtümer. Ein Kasten zur Aufbewahrung der Zehn Gebote? Falsch! Die Bundeslade war ein gefährliches, technisches Gerät. Der Kontakt mit ihr führte zu Haarausfall, Schuppen und Erbrechen. Typische Symptome einer Verstrahlung!
- In Überlieferungen des Alten Indien wird über Himmelsschiffe berichtet. Auch hier ist religiöse Mystik fehl am Platz. Präzise Beschreibungen deuten darauf hin, dass es sich um »Space Shuttles« gehandelt haben könnte. Sie waren dreieckig, drei Stockwerke hoch und verfügten über Räder, die eingezogen werden konnten.

Erich von Däniken

Das unheilige Buch

Von falschen Gräbern und himmlischen Gestalten

KOPP VERLAG

1. Auflage Oktober 2014

2. Auflage Juni 2020

Lektorat: Thomas Mehner
Umschlaggestaltung: Stefanie Beth
Satz und Layout: Stefanie Beth

ISBN 978-3-86445-144-7

Gerne senden wir Ihnen unser Verlagsverzeichnis
Kopp Verlag
Bertha-Benz-Straße 10
72108 Rottenburg
E-Mail: info@kopp-verlag.de
Tel.: (0 74 72) 98 06-10
Fax: (0 74 72) 98 06-11

Unser Buchprogramm finden Sie auch im Internet unter:
www.kopp-verlag.de

Inhalt

Liebe Leserin, lieber Leser,

alle großen Weltreligionen verehren Abraham als ihren Stammvater. Also wissen wir, wer die Gestalt gewesen ist? Nein! Eine nähere Betrachtung entlarvt Abraham als Abkömmling eines außerirdischen Wesens und uns Menschen als seine Nachfahren. Unheimlich.

Aus den religiösen Unterweisungen kennen wir Salomon, Moses und seinen Bruder Aaron. Stimmt wieder nicht. Die heiligen Schriften berichten nur einen Teil der Wahrheit. In Wirklichkeit fungierten alle drei großen Figuren als Diener eines »Herrn aus der Wolke«. Und dieser »Herr« hatte es faustdick hinter den Ohren.

War die Atombombe, die am 6. August 1945 über Hiroshima, Japan, gezündet wurde, die erste dieser grauenhaften Waffen? Irrtum! Die altindischen Texte beweisen es klipp und klar.

In der westafrikanischen Republik Mali lebt der Stamm der Dogon. Und die wissen höchst Erstaunliches über das Sternensystem des Sirius, acht Lichtjahre von uns entfernt. Ihr Lehrmeister war einst vom Himmel gestiegen. Woher sonst?

Die Zeit ist reif, unseren religiösen Blindflug der vergangenen Jahrtausende zu beenden und die Dinge mit einem befreiten Verstand zu betrachten.

Dies ist der letzte Band eines Fünf-Bände-Projektes:
Band I: *Grüße aus der Steinzeit*
Band II: *Was ist falsch im Maya-Land?*
Band III: *Der Mittelmeerraum und seine mysteriöse Vorzeit*
Band IV: *Unmögliche Wahrheiten*
Band V: *Das unheilige Buch*

Insgesamt rund 500 Textseiten und über 900 Bilder. Wiederholungen aus meinen älteren Büchern sind Absicht. Mein Ziel war es, die Erkenntnisse aus früheren Werken zu vervollständigen und auf den neuesten Stand zu bringen. Alle fünf Bände gemeinsam bilden ein Kompendium zu einem Thema, über das ich ein Leben lang forschte. Für die Zukunft bin ich zuversichtlich. Früher oder später wird auch die kritische Wissenschaft auf den Pfad einschwenken, der hier vorgedacht wird.

Meinen Stammlesern danke ich für die Treue – und die neuen betreten eine Welt der fantastischen Realität.

Ihr

Erich von Däniken
Im September 2014

ALGERIEN
MAURETANIEN
DOGONGEBIET
NIGER
SENEGAL
OBERVOLTA
ELFENBEIN-KÜSTE
GHANA
TOGO
NIGERIA
SIERRA
LEONE

► 1

1. Kapitel

Besuch vom Sirius

Im Jahre 1950 veröffentlichte der Anthropologe Dr. Marcel Griaule gemeinsam mit der Ethnologin Dr. Germain Dieterlen einen wissenschaftlichen Bericht, der Dynamit enthielt. Dies in einer französischen Fachzeitschrift. [1] Die Publikation betraf den Stamm der Dogon, die in der westafrikanischen Republik Mali beheimatet sind. (Bild 1) Damals, in den 1950er-Jahren, erkannte niemand die Brisanz des Artikels. Erst 25 Jahre später brachte ein amerikanischer Linguist die Bombe zur Explosion. [2] Robert Temple heißt der stille, tiefsinnige Forscher, dem die Ungeheuerlichkeit von Griauls Arbeit ins Gehirn gestochen war. Die beiden Franzosen hatten nämlich geschrieben, der Stamm der Dogon im tiefen Afrika kenne die exakte Umlaufbahn und -zeit von »Sirius B«. Das war glattweg unmöglich, denn Sirius B ist ein sogenannter »Weißer Zwerg«, ein winziges Neutronensternchen also, das mit bloßem Auge überhaupt nicht sichtbar ist. Erst 1834 hatte der Astronom Friedrich Wilhelm Bessel (1784–1846) über längere Zeit hinweg den Sirius – den hellsten Stern am Nordhimmel – beobachtet und gemerkt, dass dieser kuriose, wellenartige Bewegungen vollführte. Wo doch Fixsterne eigentlich deshalb Fixsterne heißen, weil sie (scheinbar) fest am Himmel stehen. Woher kamen also die Bewegungen? Irgendetwas musste den Sirius beeinflussen. 1862 entdeckte der amerikanische Optiker Alvon Graham Clark (1804–1887) mit einem neu konstruierten Teleskop exakt an der Stelle, an der Bessel ihn berechnet hatte, einen winzigen Stern. Man bezeichnete ihn als Sirius B. Wegen des geringen Abstandes zum Sirius ließ sich die Helligkeit des neu entdeckten Begleiters nicht feststellen. Sirius B stand nicht etwa im Schatten, sondern im zu hellen Licht seines großen Bruders. Inzwischen ist Sirius B als Weißer Zwerg registriert. Das sind kleine Sterne mit einer sehr hohen Dichte. Sirius B hat einen Durchmesser von 41 000 Kilometern, ist aber von gleicher Masse wie die Sonne. Wegen dieser ungeheuren Schwere beeinflusst Sirius B die Bahn des hellen Sirius. Daher die von Bessel registrierten Wellenbewegungen. Doch von all dem konnten die technisch unerfahrenen Dogon in Mali nichts wissen. Sie kannten keine Teleskope. Und ihre Vorfahren erst recht nicht. Was also wussten sie wirklich, und woher kam ihr Wissen?

Bereits 1931 hatte Dr. Marcel Griaule die Dogon studiert, die heute auf dem Plateau von Bandiagara und in den Homoribergen Malis leben. Ihre Stammessiedlungen bestehen aus einfachen Steinhütten mit darüber gestülpten Strohdächern. (Bild 2 bis 4) Doch die Mythologie der Dogon begann Dr. Griaule zu faszinieren, denn sie führten bestimmte Tänze auf, die

► 2

► 3

► 4

► 5

eindeutig etwas mit dem Stern Sirius zu tun hatten. 1946 reiste Griaule abermals nach Westafrika. Diesmal begleitete ihn die Völkerkundlerin Germaine Dieterlen. Sie arbeitete damals als Generalsekretärin der *Societé des Africanistes* im *Musée de l'Homme* in Paris. Das Team Griaule/Dieterlen ermittelte, dass die Dogon alle 50 Jahre eine spezielle Zeremonie veranstalteten: das Sigui-Fest (Reis-Fest). Dazu schnitzten sie kunstvolle Masken und ritzten Kerben in bemalte Holzpfähle, die Daten symbolisierten. (Bild 5 bis 8) Die Sigui-Zeremonie beruht auf dem Wunsch der Erneuerung, denn die Dogon glaubten, »die Seelen ihrer Verstorbenen würden zum Stern *Po* wandern«. [3] Den Zeitpunkt des Festes bestimmt die Umlaufbahn von *Po Tolo.* Das Wörtchen *Po* steht für das kleinste Getreidekorn, das die Dogon kennen. Und dieses Körnchen symbolisiert bei ihnen den unsichtbaren Sirius B, der sich in einem gemeinsamen Schwerpunkt um den hellen Sirius dreht. (Der botanische Name für *Po* lautet *Digitaria exilis.*) Die Dogon-Priester wissen, dass *Po* unsichtbar ist, dass er *unendlich klein* ist und den Stern Sirius etwa alle 50 Jahre umkreist. Zudem ist ihnen bekannt, dass *Po* extrem schwer ist und sich innerhalb eines Jahres einmal um sich selbst dreht. Aus Zeichnungen der Dogon ist ferner ersichtlich, dass *Po* zwar um den hellen Sirius herumkreist, dabei aber keine runde Bahn um den Stern zieht.

Nicht genug damit. Die Dogon berichten von einem weiteren Begleiter des Sirius, den sie *Emme Ya* nennen. Auch dieser Stern umkreist den Sirius, ist aber etwas größer als *Po.* Zudem – und damit wird's unheimlich – soll sich um *Emme Ya* ein Mond drehen, genannt »Stern der Frauen«. Sogar ein dritter Begleiter des Sirius ist den Dogon bekannt. Sie nennen ihn *Schuster.* Der wiederum sei weiter entfernt von Sirius als *Po* und *Emme Ya,* zudem bewege er sich in entgegengesetzter Richtung.

► 6

► 7

► 8

14 Jahre nach ihrem ersten Bericht legten Griaule/Dieterlen weiteres Material über die Dogon vor. [4] Sie bewiesen blitzsauber, dass die astronomischen Kenntnisse der Dogon nicht nur Sirius betrafen, sondern auch unser eigenes Sonnensystem. Die Dogon kannten die Umlaufbahn der Venus und auch die des Jupiters. 1970 ergänzte die Tochter von Marcel Griaule, Madame Geniève Calame-Griaule, die Arbeiten ihres verstorbenen Vaters. In dieser Erweiterung erfährt man die Antworten nach dem WOHER des Dogon-Wissens. [5] *Amma* hieß der Urgott, der die Sterne aus Erdklumpen erschuf, die er in den Raum schleuderte. *Nommo* brachte das Wissen zu den Dogon.

Alles ein bisschen viel für einen technologisch unterentwickelten Stamm in Afrika. Stimmt denn ihr Wissen überhaupt?

Sirius ist seit dem Altertum bekannt. Die Ägypter verehrten ihn, denn Sirius entsprach der Göttin Isis. Sirius wird auch in babylonischen Texten erwähnt, und selbst antike Historiker und Politiker wie Ptolemäus, Cicero, Horaz oder Seneca berichteten über ihn. Sirius stellt ein Doppelsternsystem dar, bestehend aus dem weißen Hauptstern der Spektralklasse A5V (1,8 Mal größer als unsere Sonne) im Sternbild des großen Hundes, sowie dem kleinen Begleiter Sirius B, einem massereichen Weißen Zwerg, der den Hauptstern in 50 Jahren einmal umkreist. Sirius liegt rund acht Lichtjahre von uns entfernt, ist ein Stern erster Größe und der hellste Stern am Nordhimmel. Über Sirius B wissen wir erst seit 1862 Bescheid. Er wird in keiner antiken Literatur erwähnt. Seit einigen Jahren sind weitere Begleitsterne um Sirius bekannt. In der Astronomie werden sie als »Sirius CB« und »Sirius D« bezeichnet.

Das alles ist unheimlich. Auf natürliche Weise, etwa durch Beobachtung, konnten die Dogon nichts von Sirius B wissen, nichts von seiner Umlaufzeit um Sirius A, die 50 Jahre betrug, nichts von seiner Größe und schon gar nichts von seiner Masse. Noch unmöglicher ist ihr Wissen um andere Begleitsterne im Sirius-System. Dennoch besitzen sie es. Sie nennen die Objekte *Emme Ya* und *Schuster.*

Selbstverständlich ist versucht worden, das Wissen der Dogon irgendeinem Missionar unterzujubeln, der einst Mali besuchte. Diese Gegenargumente sind in der Literatur längst zerpflückt und widerlegt worden. [3, 6] Zudem fertigten die Dogon für ihre rituellen Tänze Holzmasken an, die vor dem Haupthaus aufbewahrt werden. (Bild 9 bis 11) Diese Masken können bis ins 15. Jahrhundert zurückdatiert werden. Und seit das Sigui-Fest zelebriert wird, musste der Dorfvorsteher einen Behälter aus den Fasern des Affenbrotbaumes flechten, der mit einem Honigüberzug wasserdicht gemacht wurde. Darin gor das Festbier. Dieses Rohprodukt wurde allen Familien

▸ 9

► 10

► 11

zugeteilt, sie mischten es dann unter ihr eigenes Gebräu. Nach den Festlichkeiten wurden alle Gärbehälter am Zentralbalken des Haupthauses aufgehängt. Der Patriarch Ongnonlu Dolo, einer der ältesten Vorsteher berichtete, sein Urgroßvater habe über die an seinem Haus hängenden Behälter hinaus acht weitere und viel ältere besessen. So ließen sich außer an den Masken auch an den Gärbehältern die Sigui-Feiern zurückverfolgen – bei Letzteren sogar bis ins 12. Jahrhundert. Über die Kritik, das astronomische Dogon-Wissen stamme von einem westlichen oder arabischen Besucher, der wohl etwas von Astronomie verstand und aus einer anderen Kultur kam, spottete der Geologe Dr. Johannes Fiebag: [7]

»Setzen wir einmal voraus, irgendwelche völlig unbekannten, in keiner Aufzeichnung auftauchenden Astronomen oder Missionare hätten um die Jahrhundertwende nichts anderes zu tun gehabt, als von Europa aus nach Westafrika zu reisen, um einem dort abseits lebenden Stamm Neuigkeiten über Sirius mitzuteilen. Oder nehmen wir an, der Ethnologe Marcel Griaule habe im Hirsebierrausch sämtliche wissenschaftliche Anstandsregeln vergessen und den mit ihm feiernden Dogon-Priestern so begeistert und detailliert von Sirius B vorgeschwärmt, dass diese daraufhin gar nicht anders konnten, als derartige, für ihr heutiges Leben vollkommen irrelevante Informationen postwendend zum Zentrum der eigenen Religion zu machen. Okay. Aber eines konnten diese reiselustigen Astronomen nicht. Nämlich den Dogon auch noch Kenntnisse über Sirius BC und D vermitteln. Diese Kenntnisse gewinnen wir nämlich erst jetzt aufgrund der Raumfahrttechnologie.«

Basta! Was sagen die Dogon denn selbst über die Ursache ihres Wissens? Ihre Vorfahren hätten es von einem Lehrmeister namens »Nommo« erhalten, der einst mit einer Arche – in anderen Varianten auch mit einem »Korb« – vom Himmel gestiegen sei. *Nommo* kam vom Sirius. Und wer jetzt gleich an einen Ballonflieger denkt, kann's getrost vergessen. Auch der hätte die Einzelheiten über Sirius B und die anderen Objekte im Sirius-System nicht gekannt. Zudem gab's im 12. Jahrhundert keine Ballonflieger.

Nommo, jener rätselhafte Lehrmeister der Dogon, soll »gelenklose, wellenartige Glieder und einen grünen Kopf« besessen haben. [8] Der Korb, in dem *Nommo* sich zur Erde senkte, fuhr mit »Donnern hernieder«, Sand wurde aufgewirbelt, und die Heftigkeit des Aufpralls raute den Boden auf. »Er ist wie eine Flamme, die ausging, sobald er die Erde berührte. Der *Nommo* wurde rot wie Feuer.« [2] Schließlich fuhr eine zehnstufige Treppe zur Erde. Sie kam aus den Kammern des doppelstöckigen Innenraumes.

Heute wissen wir: Der Stamm der Dogon lebte nicht seit Ewigkeiten in seinem heutigen Lebensraum. Sie müssen, und das beweisen ethnologische Studien, von irgendwoher eingewandert sein. Wo, in welchem anderen Gebiet, könnten die früheren Dogon ihr Sigui-Fest gefeiert haben? Gibt es irgendwo auf dem schwarzen Kontinent einen Tempel zu Ehren des Sirius-Systems? Tatsächlich existiert eine derartige Anlage.

Adam Renders (1822–1881) war ein deutscher Elfenbeinhändler und Abenteurer, der sich 1868 im dichten südafrikanischen Busch verirrte. Mit der Machete schlug er Schneisen durchs tropische Gewächs, um den Weg zu einem Elefantenpfad und zu Menschen zu finden. Plötzlich stand er vor einer zehn Meter hohen Mauer. Er hoffte, irgendeine Siedlung gefunden zu haben, denn wo Mauern sind, leben im Allgemeinen auch Menschen. Er lief die Mauer entlang, verscheuchte einige Giftschlangen, die in der Sonne dösten, und merkte bald, dass er sich im Kreise bewegte. (Bild 12 bis 14) Nach der dritten Umrundung fand er, verdeckt durch Grünzeug, eine kleine Lücke. Renders schlüpfte hindurch und hielt Ausschau nach Menschen. Doch da war nichts, nicht mal eine alte Feuerstelle. Der Abenteurer hoffte, in der dicken Mauer vielleicht irgendeinen Raum mit wertvollen Gegenständen oder gar Elfenbein zu finden. Deshalb marschierte er die Mauer auf der Innenseite ab, wobei er rasch die Ellipsenform des Bauwerkes registrierte. Irgendwo, nahe an der Mauer, stand ein Turm. Da mussten doch Räume drin sein? Erneute Fehlanzeige. Weder in der Mauer noch im Turm gab es irgendwelche Öffnungen, keinerlei Räume, keinerlei Stufen. Es war wie verhext. Wer baute schon eine

► 12

► 13

▸ 14

zehn Meter hohe Mauer mit einem wuchtigen, kompakten »Wachtturm« ohne Räume und ohne Aufstieg?

1871 führte Renders den deutschen Forschungsreisenden Karl Mauch (1837–1875) zu den rätselhaften Bauwerken im Urwald. Der vermaß die Ruinen, erstellte einen Plan, kehrte nach Deutschland zurück und gab sich als Entdecker von »Simbabwe« aus – denn dies war das Wort, mit dem die Buschmänner die Anlage bezeichneten. Mauch war der Meinung, dieses Simbabwe müsse das Traumland Ophir gewesen sein, aus dem König Salomon einst Gold und Edelsteine holen ließ. (1. Kön. 9, 26 ff.) Doch dies war nur eine der verschiedenen Annahmen, die bis heute zu nichts führten. Über den Ruinen von Simbabwe liegt ein dichter Nebel, in dem alle möglichen Wunschträume gedeihen. Der Archäologe Marcel Brion trug viele der Simbabwe-Erklärungen zusammen, um festzustellen, dass sie »nichts als romantische Spekulationen« seien. [9] Doch dieses Simbabwe existierte in der Literatur längst, bevor Adam Renders es wiederentdeckte. Nur wusste man in Deutschland nichts davon. Schon 1562 hatte der portugiesische Geschichtsschreiber Joao de Barros (1496–1570) in seinem vierbändigen Werk Asia über Simbabwe geschrieben: [10]

»Die Eingeborenen nennen diese Gebäude Simbabwe, was ›königliche Residenz‹ bedeutet. Niemand weiß, durch wen und wann sie errichtet wurden, denn die Bewohner des Landes können nicht schreiben und haben keine Überlieferungen. Sie behaupten jedoch, die Bauwerke seien ein Werk des Teufels, da es ihnen in Anbetracht ihrer eigenen Fähigkeiten unmöglich erscheint, dass sie von Menschenhand stammen …«

200 Jahre später notierte der Gouverneur von Goa: [8] »Man berichtete, dass es im Gebiet einen Turm oder ein Gebäude aus Mauerwerk gebe, das allem Anschein nach nicht das Werk der eingeborenen Schwarzen sei …«

Zumindest nicht der heute in dem Gebiet lebenden Völker – sollte man hinzufügen. Sie alle wollen nicht die Erbauer von Simbabwe sein. Irgendwer in früheren Zeiten musste verrückt genug gewesen sein, sinnlose Mauern und einen überflüssigen Turm zu errichten. Weltweit führt immer dasselbe Motiv zu derartig außergewöhnlichen Leistungen: die Religion. Tatsächlich bedeutet Simbabwe in der Schona-Sprache »geachteter« oder »heiliger Ort«.

Kernstück der Ruinen ist ein Mauerwall in elliptischer Form. (Bild 15) Diese Ellipse nennt man heute »Königsresidenz« – eine absurde Namensgebung, weil nie ein König darin residierte. Es existieren keine Gräber, keine Mumien, keine Schriftzeichen, keine Statuen, keine Büsten, keine Überbleibsel irgend-

► 15

▸ 16

welcher Werkzeuge und nirgendwo Räume, in denen ein Herrscher residiert hätte. Die Mauer der Ellipse ist rund zehn Meter hoch mit einer durchschnittlichen Basisbreite von 4,5 Metern. Mörtel wurde nicht verwendet. Innerhalb der Ellipse existieren kleinere »Ellipschen«, dann auf einem Drittel der Strecke eine parallel zur großen Mauer verlaufende, niedrige Mauer. (Bild 16 und 17) Weder die Ellipschen noch die Parallelmauer noch der Turm ergeben irgendeinen Sinn. Der Turm hat weder einen Eingang noch Treppen. Er ist kompakt mit

► 17

▸ 18

Steinen gefüllt. (Bild 18) Natürlich vermutete man darunter das Grab eines Herrschers. Bohrungen ergaben nichts. Der Turm steht sinnlos im restlichen Mauerwerk herum.

Außerhalb der Mauer befindet sich ein Trümmerfeld, »Tal der Ruinen« genannt. (Bild 19) Von einem »Tal« konnte ich nichts entdecken. Über dem »Tal der Ruinen« und der Ellipse finden sich zerklüftete Felsrücken, spektakulär »Akropolis« getauft. Dort oben gibt es gewaltige Megalithen, Felsen und

► 19

► 20

► 21

Mauern, raffiniert ineinander verwoben. (Bild 20 und 21) Falls Simbabwe je eine Festung gewesen sein sollte, war die »Akropolis« der einzige uneinnehmbare Punkt. Hier oben wurden auch einige der »Simbabwe-Vögel« entdeckt. Vermutlich thronten sie ursprünglich auf irgendwelchen Säulen.

In Simbabwe fand man chinesische Töpfereien und chinesische Seide, doch auch arabische Tücher, Armringe, Glasscherben und sogar vereinzelte Schmuckstücke aus Indien. Zweifellos war der Ort einst ein Umschlagplatz, an dem auch mit Gold gehandelt wurde. Bergwerke gibt es in der Gegend mehrere, doch heute beträgt die Goldproduktion des ganzen Landes Simbabwe gerade einmal 16 Tonnen jährlich.

Und was soll all dies mit den Dogon in Mali und ihrem Sirius-System zu tun haben? Es sind die Ellipse, die kleineren Ellipschen, die Parallelmauer und der Turm, die mich stutzig machten. Von einer strategischen Betrachtungsweise her ergibt die Ellipse keinen Sinn. Es gab keinen Rundblick noch sonst etwas, was Verteidiger zu allen Zeiten benötigten: Türme, Zinnen, Schießscharten, Räume. Selbst die Mauern der Ellipse sind ohne Aufgänge, ohne Stufen, ohne Mauervorsprünge, die zu erklimmen wären. Dieselbe Feststellung gilt für den Turm. Nicht begehbar. Einfach nur ein kompakter, konisch nach oben gerichtetes Bauwerk. Als ich im kleinen Museum von Simbabwe einen Aufriss der Anlage sah, fiel es mir wie die berühmten Schuppen von den Augen: Die Zeichnungen der Dogon über das Sirius-System glichen in vertrackter Weise der Anlage von Simbabwe.

Man erinnere sich: Die Dogon versichern, um den hellen Sirius bewege sich ein kleiner Stern, der aber sehr kompakt sei. Sirius B ist ein Neutronenstern. Ein Stück Materie von Sirius B, das die Größe eines Würfelzuckers hat, würde einige Tonnen wiegen. Wurde der schwergewichtige Sirius B durch den Turm in der Anlage von Simbabwe dargestellt? (Bild 22 und 23) Und die Umlaufbahn durch die elliptische Mauer? Weiter vermelden die Dogon zusätzliche Objekte im Sirius-System: *Emme Ya* und *Schuster*. Zeigen die unerklärlichen Ellipschen innerhalb der Umlaufbahn von Sirius B diese Himmelskörper?

► 22

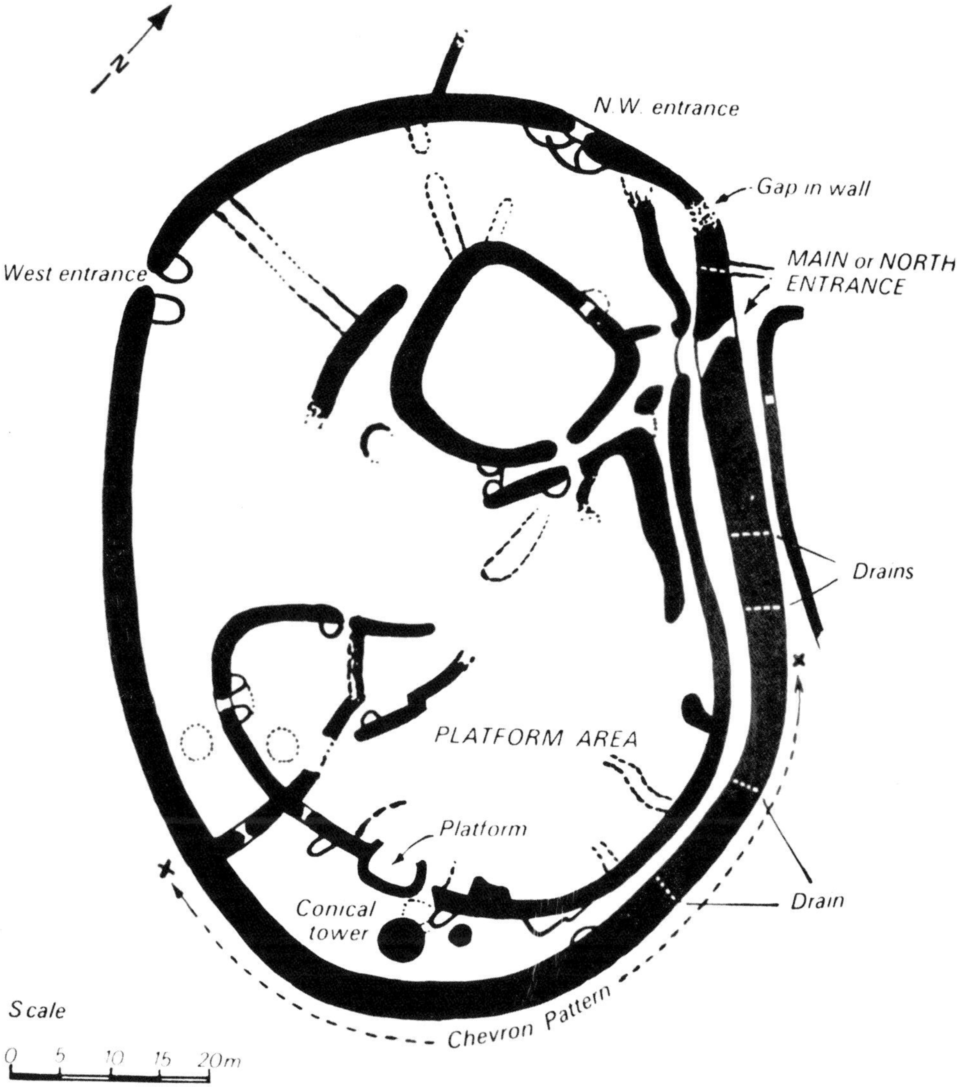

A PLAN OF THE ELLIPTICAL RUIN, GREAT ZIMBABWE.

Weshalb verläuft in Simbabwe eine kleinere Parallelmauer über ein volles Drittel neben der Hauptmauer? Sie kann ebenso wenig einer angenommenen Verteidigung gedient haben wie die Hauptmauer. Sie ist niedrig und zu beiden Seiten hin offen. Außerdem verläuft sie *innerhalb* der Hauptmauer. (Bild 24 und 25)

Die Lösung um den Zweck und den Sinn der schwer verständlichen Anlage von Simbabwe könnte sehr wohl mit der Überlieferung der Dogon zusammenhängen. Errichteten ihre Vorfahren im Glauben an ihren Gott *Nommo* ein gigantisches Modell des Sirius-Systems? Man weiß, dass ihre Urväter von irgendwoher nach Mali einwanderten. Die acht »Simbabwe-Vögel«, die in der »Akropolis« gefunden wurden, weisen in dieselbe Richtung. Sie gleichen dem heiligen ägyptischen Fal-

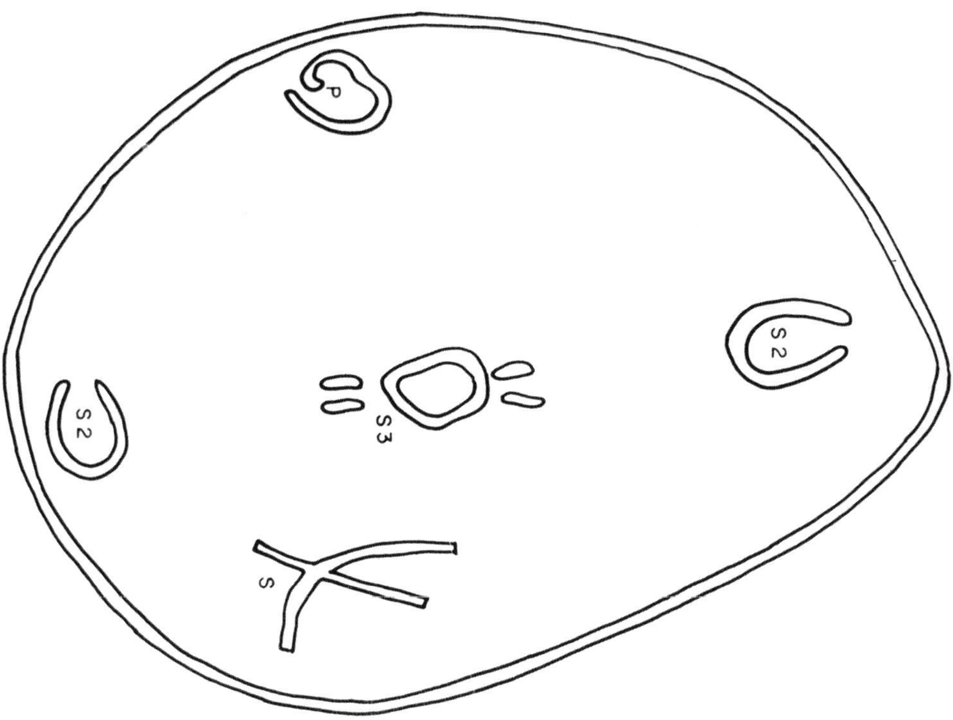

► 24

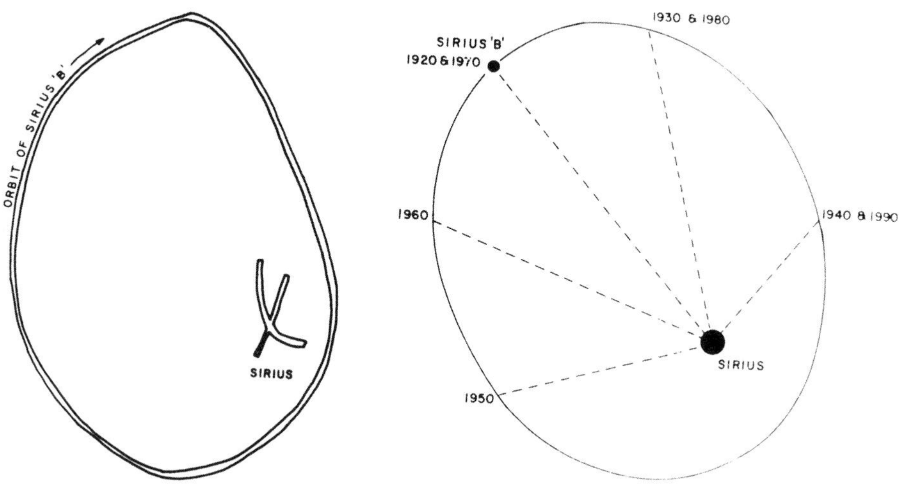

▸ 25

ken des Gottes Horus. Auch Robert Tempel schlägt vor, die Dogon könnten Teile ihres Wissens mit ägyptischen Überlieferungen vermischt haben. [2] Schließlich ist der älteste ägyptische Kalender ausgerechnet ein Sirius-Kalender, und Isis, die Gemahlin des Osiris, ist gleichzeitig die Göttin vom Sternbild Sirius.

Vielleicht bringt mein Vorschlag die Lösung um das Rätsel von Simbabwe weiter. Unbestritten diente die große Mauer von Simbabwe nicht als Festungsanlage – die thront 100 Meter über der Ellipse auf der »Akropolis«. Als Residenz kam weder die große Mauer noch der Turm infrage. Keine Treppen, keine Räume, keine Korridore, keine Zinnen, keine Fenster. Dasselbe gilt für die überflüssige, parallel zur Hauptmauer verlaufende zweite Mauer. Nachdem die Anlage weder als Residenz noch als Festung diente, bleibt eigentlich nur noch der religiöse Kult. Als ich meine Tage in Simbabwe verbrachte, konnte ich mir eine Prozession von dunkelhäutigen Menschen in farbenprächtigen Umhängen und monströsen Ritualmasken sehr wohl vorstellen. Sie bewegten sich von der Parallelmauer zum Turm – dem Symbol für den schwergewichtigen Sirius B –, entlang der Mauer – der Umlaufbahn von Sirius B – hinüber zu den Ellipsen, die die Planeten *Schuster* und *Emme Ya* symbolisierten.

Alle bisherigen Lösungsvorschläge für das Rätsel von Simbabwe sind Annahmen. Also füge ich meine dazu. Sie hat so viel oder so wenig Gewicht wie sämtliche anderen Vorschläge. Nur zwei Tatsachen stehen unverrückbar fest: die rätselhafte Ruine von Simbabwe im heutigen Staat Simbabwe. Und das exakte Wissen der Dogon über das Sirius-System.

2. Kapitel

Glaube überflüssig

Ob Christen, Juden oder Muslime – wir alle haben einen gemeinsamen Vorfahren: Abraham. Diesem Stammvater des Menschengeschlechts versprach der liebe Gott gleich mehrere Male derart viele Nachkommen »wie der Staub der Erde«. (1. Mose 13, 16) An anderer Stelle: »Schaue gen Himmel und zähle die Sterne …, und er verhieß ihm: So sollen deine Nachkommen sein. (1. Mose 15, 5) Schließlich schloss Gott sogar einen Bund mit Abraham: »Siehe, das ist mein Bund mit dir, dass du ein Vater vieler Völker sein sollst. Darum sollst du nicht mehr Abram heißen, sondern Abraham.« (1. Mose 17, 4+5) [1]

Was für ein himmlisches Superversprechen! Weiß man eigentlich, wer dieser Abraham war? Selbstverständlich – meint der Laie. Schließlich ist er eine biblische Figur. Doch die Heilige Schrift wie auch die jüdische *Thora* zeigen nur ein Wunschbild von Abraham. Ist das mit dem »lieben Gott« wenigstens klar? Kennen wir den nicht ausführlich aus dem Alten Testament? Ein Irrglaube, wie leicht zu belegen ist.

Abrahams Papa hieß Therach – je nach Übersetzung auch Tharah geschrieben. Und der hatte schon 70 Erdenjahre hinter sich, als er den Abraham zeugte. (1. Mose 11, 26) Derselbe Therach diente nicht etwa dem einzigen Gott der Israeliten, jenem unheimlichen, strafenden Jahwe, sondern irgendwelchen Götzen. Abraham bestätigt seines Vaters Beruf in der »Apokalypse des Abraham«.

»Ich, Abraham, zu jener Zeit, wo es mein Los gewesen, dass ich die Opferdienste meines Vaters Therach an seinen hölzernen, steinernen, goldenen, silbernen und eisernen Göttern wohl verrichtete. So ging ich zu dem Dienste in den Tempel;

da fand ich, dass der Steingott Merumat vornüber gefallen war und zu den Füßen des Eisengottes Nachon lag …« [2]

Abrahams Großvater stammte aus Ur in Chaldäa, und dort dienten die Priester verschiedenen Göttern, die allesamt vom Himmel herabgestiegen waren. »Ur gilt als Standort der Himmlischen, als die Stadt, in welchem der Gestirnskult von jeher besonders betrieben wurde.« [3] Sogar Abrahams Geburt wird mit den Sternen in Zusammenhang gebracht:

»Abraham, Sohn des Therach und der Amtelai, … ward geboren zu Ur in Chaldäa … im Monat Tischri ums Jahr 1948 nach der Schöpfung … In Abrahams Geburtsnacht waren Therachs Freunde zu einem Gastmahl versammelt, da bemerkten sie einen ungewöhnlichen Stern in östlicher Himmelsgegend; er eilte in schnellem Laufe dahin … Alle staunten ob dieser Erscheinung …« [4]

Damals herrschte ein gewalttätiger König über Babylon, und als seine Astronomen ihm zutrugen, ein besonderer Stern habe das Firmament durchlaufen, ließ er die Gelehrten antreten. Die verkündeten, ein Knäblein, zur Welt gekommen in dieser Nacht, würde sein Reich gefährden. Daraufhin ließ der Herrscher von Babylon alle männlichen Säuglinge töten, die in jener Sternennacht geboren worden waren. Das vernahm auch Abrahams Mutter. Sie versteckte sich mit ihrem Baby in einer Höhle, die nur durch das strahlende Antlitz des Kindes erleuchtet war. Alsogleich flog der Erzengel Michael vom Himmel hernieder, um den Säugling zu ernähren.

Eine erstaunliche Legende, entstanden lange vor der Geburt des Knäbleins Jesus in Bethlehem. Das Ärgerliche dabei? Den Christen wird in der Weihnachtsmesse Jahr für Jahr dieselbe Geschichte von der Geburt Jesus' vorgelesen. Zitiert aus dem Lukas-Evangelium. In Wahrheit eine Wiederholung aus der viel älteren Überlieferung über Abrahams Geburt.

▸ 26

Bei der Beschäftigung mit Abraham wurde mir immer klarer, dass unser Erzvater enge Kontakte zu Außerirdischen pflegte. Eines Abends saß er vor seinem Zelt, als drei Fremde auftauchten. Und zwar »keine Abkömmlinge von der Art der Erdbewohner« [5]. Die Besucher wurden als »himmlische Männer« bezeichnet, die vom Firmament kamen und auch wieder dorthin verschwanden. (Bild 26)

Selbst heutige Alttestamentler, die Fachleute also, die sich beruflich mit den biblischen Geschichten auseinandersetzen, erkennen in Abrahams Besuchern Außerirdische: »Erst nach dem Abendessen entdeckte Abraham, dass seine Gäste keine gewöhnlichen Besucher waren. Sie waren aus dem Weltraum gekommen.« [6]

Abraham selbst schildert ein persönliches Erlebnis mit den Außerirdischen. Festgehalten in der »Apokalypse des Abraham«. Betitelt mit »Abrahams Himmelfahrt«. [7] Weil ich mich darüber schon in mehreren Büchern ausließ, hier nur eine Gedächtnisstütze zu dieser phänomenalen Überlieferung. Abraham berichtete, er habe gewünscht, »auf die Erde niederwärts zu fallen«. Folglich musste er sich *außerhalb* der Erde aufhalten. Und wie kam er dort hinauf? Durch zwei Glitzergestalten, die »nicht eines Menschen Atem hatten« und wie er sie »nie auf der Erde gesehen« hatte. Die Fremden atmeten, aber nicht wie wir Menschen. Der Unterschied sollte alles klarmachen. Damals konnte auch niemand wissen, dass sich riesige Weltraumschiffe im Orbit immer um die eigene Achse drehen. Durch diese Eigenrotation entsteht im Innern eine künstliche Schwerkraft (Zentrifugalkraft). Und was meldet Abraham? »Der hohe Ort, worauf wir standen, bald stand er aufrecht, dann aber drehte er sich abwärts …« Was – bitte! – will man noch mehr?

Die »Chronik des Jerahmeel«, die ihrerseits auf älteren Quellen beruht, stellt fest, Abraham sei ein »Magier« gewesen, der sein Wissen »direkt von den Engeln bezog«. [8] Von welchen Engeln? Jenen »gefallenen Engeln« oder »Gottessöhnen«, die, folgt man Moses, Sex mit hübschen Menschentöchtern trieben? (1. Mose 6, 1) Geisterwesen haben keinen Sex.

Es wird noch krasser: Der Name Abr-ram »war ursprünglich kein persönlicher Name, sondern der Name einer Gottheit«. [9] Diese Tatsache hielt der Theologieprofessor Albright schon 1935 im *Journal of Biblical Literature* fest. Und sein Kollege Prof. Dr. Böhl von der Universität Leiden in Holland, der sich intensiv mit Abraham auseinandersetzte, stellte klar: »Der alte Name Ab-ram bedeutet ›der erhabene Vater‹ oder ›der Vater ist erhaben‹ … Mit ›Vater‹ ist hierbei der Gott, ursprünglich wohl der Mondgott gemeint.« [10]

Eine seltsame Wandlung vom Stammvater und Patriarchen zu einer Gottheit. Könnte man sich auf die *Bibel*-Aussagen verlassen, so wären wir Heutigen alle Abkömmlinge eines ehemaligen Gottes. Herrgott – unheimlich.

Doch unheimlich ging's in jener dunklen Zeit der Vorgeschichte ohnehin zu. Der Historiker Nashwan Ibn Saìd (gestorben um 1195) erzählt von einer »Stadt aus Metall«, die einst aus dem Nichts aufgetaucht sei. Die ganze Stadt habe auf mächtigen, silbern glänzenden Säulen gestanden und das Wasser sei in Metallkanälen durch die Anlagen geleitet worden. [11] Das passt ausgezeichnet zu den Außerirdischen, die von den ungebildeten Menschen als »Götter« angesehen wurden.

Doch bei den steinalten Texten ist man nie sicher, wer was von wem und wann übernommen hat. Auch nicht, woher die ursprüngliche Überlieferung kam. Vom tibetanischen König Gesar, einer Figur, die genauso aus dem Weltall auftauchte wie viele andere, wird überliefert, er habe eine Stadt aus Glas besessen. Und eine Bronzefestung mit »himmelseisernen Dächern«, die selbst jedem Blitzstrahl widerstanden. [12] Der Historiker Willi Grömling, ein hervorragender Fachmann, der sich jahrelang und intensiv mit dem tibetanischen »Sohn des Himmels« befasste, fand in den alttibetanischen Quellen sogar Hinweise auf eine Art Burg mit 197 Stockwerken und 920 000 Kristallfenstern. [12] (Ich werde im Kapitel »Nichts Neues unter dem Himmelszelt« auf derart unmögliche Bauwerke zurückkommen.)

Sogar die *Bibel* berichtet über die unbekannte Stadt eines Himmelssohnes. Zitat: »Melchisedech aber, der *König von Salem,* brachte Brot und Wein heraus; er war ein Priester des höchsten Gottes. Und er sprach: Gesegnet ist Abraham vom höchsten Gott …, der deine Feinde in deine Hand gegeben hat …« (1. Mose 14, 17)

Bibel-Fachleute meinen, Salem sei das spätere Jerusalem. Stimmt nicht. Zu Abrahams Zeiten war Moses noch gar nicht geboren, geschweige denn David oder Salomon. Und der soll schließlich ums Jahr 970 v. Chr. Jerusalem erst gegründet haben. Es gab noch kein »Gelobtes Land« mit Jerusalem als Hauptstadt. Was also war das für ein »König von Salem«, der Abraham segnete, und wo lag diese Königsstadt Salem? Um irgendein Hirtendorf, aus dem später Jerusalem wurde, kann es nicht gegangen sein. Schließlich befehligte der »König von Salem« kein Kaff. *Die Sagen der Juden von der Urzeit* wissen Genaueres [13]: Dieser Melchisedech, der König von Salem, war eine Himmelsgeburt. Gott selbst habe seinen Samen in Sopranima – Melchisedeks Mutter – gepflanzt. Ohne sie sexuell zu berühren. Eine künstliche Befruchtung, wie sie auch klipp und klar von Noah überliefert ist. (Nachzulesen in der Lamech-Rolle [14], einer der Schriftrollen vom Toten Meer.) Abraham erfreute sich von Geburt an einer wie auch immer gearteten »himmlischen Fürsorge«, und »der Höchste« – so die altjüdische Überlieferung – »liebte Abraham besonders«. Genau wie Henoch, der seine Kontakte mit den »Wächtern des Himmels« allerdings Jahrtausende vor Abraham erlebte und ebenso »besonders geliebt« wurde. [15] Dasselbe gilt für den griechischen Götterboten Hermes, für Apollon, für Minos, den König von Kreta, und viele andere Göttersprösslinge. Wir werden bei all diesen mythologischen Figuren ohnehin nie wissen, wann sie tatsächlich wirkten. Aber sie gehörten ausnahmslos zum Kreis der »besonders Geliebten« durch ihren jeweiligen Gott. Da verwundert es eigentlich nicht, wenn auch der Götterabkömmling Melchisedek seinen Schützling Abraham »besonders liebte«. Die himmlischen Verwandtschaften verbinden.

Über den Zeitraum der vergangenen 200 Jahre bissen sich unzählige jüdische und christliche Forscher die Zähne an

Abraham aus. Keiner weiß, wer der Typ eigentlich war. Alle Texte inklusive der *Bibel* liefern widersprüchliche Informationen. Im 1. Buch Mose, Kapitel 15, Vers 13 wird kundgetan:

»Da sprach Gott zu Abraham: Du sollst wissen, dass dein Geschlecht als Fremdling weilen wird in einem Land, das nicht sein ist; und sie werden daselbst Sklaven sein, und man wird sie unterdrücken, *vierhundert* Jahre lang … *Erst das vierte Geschlecht* wird hierher zurückkehren …«

Eine total unglaubwürdige Aussage. Die britische Archäologin Kathleen M. Kenyon vermerkt dazu: »Was keiner weiteren Erörterung bedarf, ist die in der Bibel gegebene Chronologie. Sie widerspricht sich selbst. Eine Zeitspanne von vierhundert Jahren für den Aufenthalt als Sklaven im fremden Land anzugeben und gleichzeitig festzustellen, dass schon die vierte Generation nach dem Einzug in Ägypten am Exodus beteiligt war, sind zwei so offensichtlich miteinander unvereinbare Behauptungen, dass man die sich daraus ergebende Berechnung als nicht historisch einstufen muss.« [16]

So ist es. Leider. Die Chronologie in der *Bibel* ist ein ziemlicher Humbug. Abraham soll um 1800/2000 v. Chr. hinieden gewandelt sein. Er zeugte die Söhne Isaak und Jakob. In Ägypten sollen sich die Israeliten zu einem stattlichen Volk vermehrt haben – wenn auch keine einzige ägyptische Inschrift ein Wort davon weiß. Um 1200 v. Chr. treten Moses und Aaron auf die Bühne und der 40 Jahre währende Exodus aus dem Sinai beginnt. Die Helden Samuel, Simson, Saul und David gewinnen Schlachten, und gegen 970 v. Chr. kommt das geschundene Volk endlich zur Ruhe. König Salomon kann seinen ersten Tempelbau in Auftrag geben.

Bibel-Gläubige sind überzeugt, so sei es gewesen und die Heilige Schrift enthalte das Wort Gottes, denn »… es steht geschrieben«. Doch das Alte Testament besteht aus vielen Büchern unzähliger Autoren, die zu unterschiedlichen Zeiten lebten. In den Texten wurden bewunderte Führer verklärt und verherrlicht. Ereignisse, die ursprünglich wohl nie etwas miteinander zu tun hatten, wurden verknüpft. Je nach Jahrhundert kamen zum besseren Verständnis Einschübe von fremder Hand hinzu, die dann als Originale weiter überliefert wurden. Moral, Ethik, Glaube, Wunschdenken und Stammesgeschichten sind verwoben, fremde Elemente aus anderen Kulturbereichen hinzugemischt und Texte fabriziert worden, deren Ursprung kaum mehr entwirrt werden kann. Und die Fachleute? Existert in der wissenschaftlichen Welt wenigstens eine einheitliche Meinung? Je nach Auffassung ihrer Kirche, doch auch nach politischer Ideologie befehden sich die Spezialisten mal heftig, mal verärgert, mal sachlich. Jeder kämpft für seine Erkenntnis. Dem Laien ist es unmöglich, sich durch das Dickicht von Wunschdenken, Verdrehungen und Widersprüchen hindurchzuwühlen. Selbst die gepriesene vernünftige wissenschaftliche Methode der Recherche, der Analyse und des Vergleichens hat nicht weitergeholfen. Die Gehirne von unbestritten hervorragenden Denkern kamen zu keinen endgültig verbindlichen oder gar bewiesenen Antworten. Zwar füllt die Literatur der Exegese, der Deutung, Bibliotheken – doch die Resultate entsprechen der Lehrmeinung der betreffenden Schule und ändern sich mit dem Datum. Gestern diese Wahrheit – übermorgen eine andere Erkenntnis. Legenden und heilige oder weniger heilige Schriften kommen aus allen vier Himmelsrichtungen und aus ungezählten Quellen zusammen. Und oft weisen sie verblüffende Gemeinsamkeiten auf, die es eigentlich nicht geben dürfte. Etwa weltweite Sintflutgeschichten mit denselben Nebenbeschreibungen wie in der *Bibel.* Schiffe – Archen – Götter – Überlebende – himmlische Gestalten – göttliche Vereinbarungen/Aussagen/Bünde

– künstliche Befruchtungen – Himmelfahrten etc. Und irgendwo im Chaos der Mythologie da und dort ein überprüfbarer Kern.

Auf den kommenden Seiten zeige ich einige Illustrationen zu den biblischen Geschichten. Sie stammen ausnahmslos vom berühmten französischen Künstler Gustave Doré (1832–1883). Den trieb eine phänomenale Intuition, alles zu illustrieren. Auch die *Bibel.* Seine Fantasie zauberte aus rätselhaften Überlieferungen Bilder, die aus den Texten entstanden. (Die *Luther Bibel* des Stuttgarter Verlags Eduard Hallberger aus dem Jahr 2005 zeigt 230 Bilder von Gustave Doré. Diese sind auch in *Wikimedia Commons* zugänglich.)

Einer der Meister im Verwirrspiel um seine Person ist der weltberühmte weise König Salomon. Was sich in der *Bibel* so einfach und eindrücklich liest, ist in Wirklichkeit ein Tanz der Mythologien. Um Salomons Gestalt wimmelt es von prächtigen Geschichten voller Wunder. Und einige wenige darunter sind sogar beweiskräftig. Das Alte Testament verkündet, die Königin von Saba sei mit großem Gefolge nach Jerusalem gereist. (1. Mose 10, 1) Großzügig schenkte sie Salomon »120 Talente Gold und Spezerei in großen Mengen, und Edelsteine …« Salomon seinerseits ließ sich nicht lumpen: »… er gab der Königin von Saba alles, was sie begehrte«. (Bild 27) Nun existieren aber neben der *Bibel,* neben dem »offiziellen« Alten Testament noch zusätzliche Schriften über Salomon. Darunter das zweite Sargum, das sind Bruchstücke aus aramäischen Bibeln. Dort erfährt man, Salomon habe der Königin von Saba gedroht und sie regelrecht nach Jerusalem kommandiert. [17]

»Sie aber ließ alle Schiffe des Meeres ausrüsten mit Perlen und Edelsteinen als Gaben für Salomo und sandte ihm dazu 6000 Knaben und Mädchen, die in derselben Stunde desselben Tages, Monats und Jahres geboren waren. Alle von glei-

► 27

chem Wuchs und gleichem Aussehen, alle mit Purpurgewändern bekleidet …«

Die 6000 Knaben und Mädchen, die sich wie ein Ei dem anderen glichen, sollten Salomons Weisheit prüfen. Auch wenn es nur 50 gewesen sind, der schlaue König entlarvte das Geschlecht der Kinder. Er befahl allen, die Hände zu waschen. Die Knaben krempelten die Ärmel hoch, die Mädchen nicht.

Salomons Thron soll ein zauberhaftes Wunderwerk gewesen sein. Geschaffen von »Geistern«, einzigartig in der Welt und nur für ihn persönlich angefertigt. Ob ehemalige Realität oder Fantasie, die verblüffenden technischen Fähigkeiten dieses Throns werden derart detailliert beschrieben, dass ich sie meinen Lesern nicht vorenthalten möchte. Wo – außer bei mir? – kann man schon das Staunen wieder lernen? [18]

»Neben dem Thron standen goldene Löwen und goldene Adler einander gegenüber, sodass der rechte Fuß des Löwen dem linken Fuß eines Adlers gegenüberstand. Im Ganzen waren es 72 goldene Löwen und 72 goldene Adler. Oben, an der Rücklehne des Thrones, befand sich eine runde Kuppel. Sechs goldene Stufen führten zu ihr hinauf. Auf der ersten Stufe lag ein Stier und diesem gegenüber ein Löwe, auf der zweiten ein Bär und diesem gegenüber ein Lamm, auf der dritten ein Adler und diesem gegenüber eine Anka, auf dem vierten ein Adler und diesem gegenüber ein Pfau, auf der fünften eine Katze und dieser gegenüber ein Hahn, auf der sechsten ein Habicht und diesem gegenüber eine Taube, all diese Tiere aus reinem Gold gearbeitet. Über dem Throne waren einundzwanzig goldene Flügel angebracht, um Salomon Schatten zu spenden.«

»Von welcher Stelle aus Salomon den Thron besteigen wollte, dorthin konnte er ihn durch einen Mechanismus bewegen. Setzte er seinen Fuß auf die unterste Stufe, so hob ihn der goldene Löwe auf die zweite, der Bär der zweiten Stufe auf die dritte, und so weiter auf die vierte, fünfte und endlich auf die sechste ... Hatte der König Salomon sich nun auf seinem Thron niedergelassen, nahm ein großer Adler die Krone und setzte sie ihm aufs Haupt. Dann löste ein Drache den Mechanismus, und nun erhoben sich die Löwen und die Adler und beschatteten das Haupt des Königs Salomon ...«

»Traten nun Zeugen vor den König hin, dann setzte sich das Räderwerk des Mechanismus in Gang: Der Stier schrie, die

Löwen brüllten, der Bär brummte, das Schaf blökte, der Panther heulte, die Anka weinte, die Katze miaute, der Pfau kreischte, der Hahn krähte, der Habicht schnappte, die Vögel zwitscherten …«

Später versuchte der König von Babylon, Nebukadnezar, den phänomenalen Thron zu besteigen, doch der Versuch endete mit einem Fiasko. Der mechanische Löwe renkte dem Nebukadnezar die Hüfte aus und ein anderes Tier zerbrach ihm den linken Hüftknochen. »Nach Nebukadnezar erbeutete Alexander von Mazedonien den Thron und brachte ihn nach Ägypten. Als aber Sisak, der König von Ägypten, diesen prächtigen Thron besteigen wollte, renkte der Löwe ihm seine rechte Hüfte aus und schlug ihn auf die Linke. Darum wurde er sein Leben lang der hinkende Pharao genannt …«

Wer um alles in der Welt mag dieses raffinierte Wunderwerk ersonnen haben? Wer, wenn überhaupt, hat den Multiroboter konstruiert? Zudem hätte das mechanische Ungeheuer schließlich auch noch Energie benötigt. Welche? Auch wenn die gesamte Beschreibung nichts als Wunschdenken sein mag – welche Science-Fiction-Autoren erdachten eine derart ausgeklügelte, ineinandergreifende Maschinerie? Immerhin vor Jahrtausenden!

Im 11. Jahrhundert verfassten die arabischen Gelehrten Al-Kisaì und Al-Tha'lab ausführliche Kommentare zum *Koran.* Diesen Schriften zufolge hielt sich Salomon immer wieder in Mekka auf – der Ort war in vorislamischer Zeit ein Abraham-Heiligtum. Davon steht zwar kein Wort in der *Bibel,* das bedeutet aber nichts, weil die Juden in ihren heiligen Schriften alle Bezüge zu altarabischen Heiligtümern vermieden. Von Mekka – und später von Jerusalem aus – besuchte Salomon seine Geliebte, die Königin von Saba. Die Strecke, die, zeitlich gesehen, mit den üblichen Karavanen mehrere Wochen gedauert hätte, überbrückte Salomon »mit der übernatürlichen Art des Transportes«. [19] Welcher?

Salomon verfügte über mehrere Flugwagen. Einen ganzen Flugpark. Dies wird in der ältesten äthiopischen Überlieferung, dem *Kebra Negest* (auch *Kebra Negast* oder *Kebra Nagast*), ausdrücklich bestätigt. Nicht nur Salomon selbst beherrschte die Lüfte, nein, großzügig, wie er war, schenkte er auch seiner Geliebten ein fliegendes Fahrzeug.

»Er gab ihr alle wünschenswerten Herrlichkeiten … und Gefährte, mit denen man auf dem Lande fuhr, und einen Wagen, *der durch die Lüfte fuhr, den er gemäß der ihm von Gott verliehenen Weisheit angefertigt hatte.*« (Kebra Negest, Kap. 30) [20]

Sogar über die Geschwindigkeit von Salomons Flugwagen wird berichtet: »Der König und alle, die seinem Gebote gehorchten, sie flogen auf dem Wagen ohne Krankheiten und Leiden, ohne Hunger und Durst, ohne Schweiß und Ermüdung, *indem sie an einem Tag eine Wegstrecke von drei Monaten zurücklegten.*« (Kebra Negest, Kap. 58) Und für die nicht aussterbenden Skeptiker und Schlaumeier ein Querverweis nach Indien. Im jahrtausendealten Epos *Ramayana* wird ein Luftfahrzeug beschrieben, das zwölf Personen transportieren konnte. Das Vehikel startete am Morgen in Lanka, erreichte Ayodhaya am Nachmittag – unterbrochen durch zwei Zwischenlandungen in Kiskindhya und Vasisthasrama. Dies entspricht 2880 Kilometern in neun Stunden. Ergibt eine Durchschnittsgeschwindigkeit von 320 Kilometern pro Stunde. [21]

Salomons Handeln ist nicht weniger mythologisch wie das seines Vorgängers Abraham. Immerhin werden dem Salomon schon vor Jahrtausenden einige Bauwerke zugeschrieben, die tatsächlich existieren. Da gibt es nahe der Stadt Srinagar im Hochland von Kaschmir einen Berg des Namens *Takht-i-Suleiman,* Thron des Salomon. Auf dem Bergkegel liegen rätselhafte Monolithen, die Salomon bearbeiten ließ. Angeblich. Kaschmir im Hochland von Indien wird heute noch »Salomons Garten« genannt, und die Landschaft mit ihren Seen, Bergen und dem ewigen Frühling ist tatsächlich paradiesisch. (Bild 28 und 29) Nun existieren aber gleich mehrere Berggipfel des Namens *Takht-i-Suleiman,* und auf allen wurden ursprünglich Feuer und Wasser verehrt. Das macht stutzig. Der nächste »Thron des Salomon« liegt in 3441 Metern Höhe westlich der pakistanischen Stadt Dera Ismail Khan und der übernächste in 2400 Metern Höhe im nordwestlichen Iran. Dasselbe gilt für einen Berggipfel nahe der alten Stadt Marib im Jemen. Die Legende sagt, ursprünglich habe Salomon die Königin von Saba »durch die Lüfte geführt« und sogar durch einen Zaubertrank betäubt, um sie gefügig zu machen. [22] Die *Enzyklopädie des Islam* ergänzt, dabei hätten »Genien einen Zauberteppich für die Reise durch die Luft gewoben«. [23]. Daher die fantasievollen arabischen Geschichten über die fliegenden Teppiche.

Auf dem Bergplateau mit dem iranischen *Takht-i-Suleiman* entdeckten Archäologen eine kreisrunde zyklopische Mauer. Mitten im Trümmerfeld ein blauer, schwefelhaltiger Bergsee, 67 Meter tief. Dort soll sich die Königin von Saba erfrischt haben. In der Mitte eines unverständlichen Bauwerks eine fünf Meter dicke, runde Säule, die den Archäologen Rätsel aufgibt. Die Säule ergibt keinen Sinn. Sie stützte weder eine Decke noch irgendwelche Mauern. Und als eine Art von Gebetssäule kann sie auch nicht gedient haben. Sie ist völlig unbeschriftet. Rätsel geben auch quadratische Räume mit bis zu 2,4 Metern

► 28

dicken Mauern auf, dazwischen eine »schwarze, rußähnliche Masse«. [24] Fachleute meinen, die unverständlichen Räume müssten wohl Dampfbäder gewesen sein. Doch dafür sind keine 2,4 Meter dicken Mauern notwendig, und was sollen mehrere Dampfbäder auf einer schwer erreichbaren Bergspitze?

Zehn Kilometer vom iranischen »Thron des Salomon« entfernt liegt der Vulkankrater *Zindan-i-Suleiman,* »Salomons Gefängnis« oder »Salomons Schwitzen«, und gleich in der Nachbarschaft der *Takht-i-Bilqis,* der »Thron der Bilqis« (= Königin von Saba). Schließlich in der Ebene von Isfaryin noch

▸ 29

das Ruinenfeld *Shar-i-Bilqis* – die Residenz der Königin von Saba. Auf den *Takht-i-Suleiman*-Berggipfeln wurden auch Keramikbrocken mit sechsstrahligen Sternen gefunden. Der sechsstrahlige Stern ist Salomons Siegel. Zudem verfügte Salomon über einen »Zauberspiegel, der ihm alle Orte der Welt enthüllte«. Dieser Spiegel war »zusammengesetzt aus verschiedenen Substanzen« und die ermöglichten es Salomon, »in alle sieben Klimas zu sehen«. [25]

Es wird noch grotesker: Al-Mas'Ûdî, Arabiens bedeutendster Geograf (895–956), schrieb in seinen *Historien,* in Salomons Tempelanlagen auf den *Takht-i-Suleimans* hätte es wunderbar bemalte Wände gegeben, die »die Himmelskörper zeigten, die Sterne, die Erde mit ihren Kontinenten und Meeren, die bewohnten Landstriche, ihre Pflanzen und Tiere und viele andere erstaunliche Dinge«. [26]

Der ganze Hokuspokus um Salomon ergibt verblüffende Zusammenhänge:

- »Genien und Dämonen« arbeiteten für ihn.
- Er beherrschte die Winde.
- Er besaß einen roboterisierten Thron.
- Er verfügte über fliegende Wagen.
- Er überwand in kurzer Zeit große Distanzen.
- Er besaß einen »Zauberspiegel«.
- Er verfügte über einzigartige Erd- und Himmelskarten.
- Irgendwelche »Himmlischen« halfen ihm. Er wurde »besonders geliebt«.
- Auf all seinen Berggipfeln wurden Wasser und Feuer verehrt.

Wasser und Feuer = Dampf. Doch Dampf ist gleichzeitig Energie.

Hierher gehört nochmals ein kurzer Blick ins Alte Indien. Dort, in der Sanskritliteratur, nannte man die fliegenden Wagen »Vimanas«. Ihre Antriebsenergie wurde unter anderem aus »Honig« oder »Öl« gewonnen. [27] Das passt prächtig zu Salomons Flugwagen, seinen *Takht-i-Suleimans* und dem Dampf. Weshalb? Öl ist brennbar. Damit ließ sich Wasser zum Kochen bringen, woraufhin Dampf entstand. Eine primitive Dampfmaschine im Altertum ist keine Hexerei. Salomon stand schließlich das gesamte Wissen seiner Vorfahren Abraham und Henoch zu Verfügung. Mittels Dampf drehte sich der Propeller eines Heißluftballons. Damit konnte der weise König gezielt fliegen, wohin er es wünschte. Doch ohne Dampf war Salomons Flugwagen nicht steuerbar. Deshalb benötigte er auf allen *Takht-i-Suleimans* Feuer und Wasser. Tankstellen. Vielleicht diente die rätselhafte, dicke Steinsäule auf den Berggipfeln, die archäologisch betrachtet keinen Sinn ergibt, als Verankerung für Salomons Luftschiff.

Wo immer es Salomon hintrieb, musste auch Wasser vorhanden sein. War keines da, befahl er den Bau von Wasserleitungen. So schrieb der jemenitische Gelehrte Al-Hamdani (mit dem vollständigen Namen Abu-Muhammed al-Hasan ibn Ahmed ibn Ja'qub ibn Da'du al Hamdani) im Jahr 945, Salomon habe den Durchbruch eines Berges angeordnet, damit beidseitig des Gebirges Wasser fließe: [28]

»Durchbohrt wurde auch Bainun, ein Berg: Einer der himjarischen Könige durchbohrte ihn, damit ein Wasserlauf aus dem hinter ihm liegenden Lande nach dem Gebiete von Bainun geleitet werden könne.«

Gab es diesen Tunnel? Ließ sich hier der Wahrheitsgehalt einer Legende prüfen? Gemeinsam mit dem Chemiker Ralf Lange reiste ich vor einigen Jahren in den Jemen. Nach mühsamen Fahrten durch Stein- und Geröllwüsten erreichten wir ein Dorf mit einer Burg des Namens »Bainun«. Sie soll zu König Salomons Zeiten »mithilfe von Dämonen« [29] erbaut

▸ 30

worden sein. Einige Kilometer davon entfernt befand sich eine Felswand, und dort drin ein künstlicher Einschnitt. (Bild 30) Wir krabbelten den Fels hoch. Immer begleitet von einem bärtigen Jemeniten, bewaffnet mit seinem Krummdolch, einem Patronengurt um den Bauch und einem Karabiner. Dann standen wir vor einem Rätsel. Auch wenn man nicht an Dämonen glaubt, präsentierte sich vor uns eine verkehrte Welt. Da war ein Loch durch den Berg gebohrt worden, und direkt über dem Eingang befand sich eine Art von poliertem Riesenmonolithen mit einer blitzsauberen Vorderfläche. (Bild 31 bis 33) Gerade so, als sei er nicht aus der Felsmasse herausgemeißelt, sondern künstlich eingesetzt worden. Auch die Farbe des Monolithen entsprach nicht derjenigen der rechts und links liegenden Felswände. Die Bilder bezeugen es.

▸ 31

▸ 32

► 33

Ich erinnere mich: Wir hatten gerade unsere Kameras und Messbänder ausgepackt, als unser bärtiger Begleiter begann, in das dunkle Loch zu ballern. (Bild 34) Schwaden von Pulverdampf stiegen auf. Wir duckten uns und begriffen bald, dass die Schüsse nicht uns galten. Der Jemenit zielte über unsere Köpfe.

▸ 34

▸ 35

Erst später verstanden wir, was die Knallerei sollte. Er wollte Geister und wilde Tiere, aber auch Wegelagerer vertreiben, die sich möglicherweise in dem Tunnel eingerichtet hatten.

Wir tasteten uns in die Dunkelheit. (Bild 35) Die Taschenlampen erleuchteten gerade einmal einige Meter. Es war kein Licht am Ende des Lochs auszumachen, denn das Gewölbe bog sich sanft nach rechts. Schließlich – nach schätzungsweise 160 Metern – ein Ausgang an der Westseite. Die Höhe des Tunnel-

▸ 36

ausgangs betrug knapp sechs Meter und die Breite 3,03 Meter. Eigentlich zu viel für einen Wasserkanal. (Bild 36 und 37)

Weder auf der West- noch der Ostseite die Spur eines Tosbeckens. Woher sollte hier Wasser kommen? Viel Regenwasser kann sich kaum gesammelt haben, denn erstens regnet es hier selten, und zweitens liegt der Tunneleinschnitt nur knapp 14 Meter unter der Bergkuppe. Viel zu wenig Fläche, um Wasser in größeren Mengen ablaufen zu lassen.

Fachleute vom Deutschen Archäologischen Institut sind der Meinung, durch den Kanal beidseitig des Tunnels sei »das am Berghang ablaufende Regenwasser aufgefangen und durch den Tunnel auf die westlich des Bergausläufers im Wadi al-Galahim gelegenen Felder geleitet worden«. [30] Welches Wasser? Weder der westliche noch der östliche Berghang

▸ 37

konnten vernünftige Mengen liefern. Dafür liegt der Tunneleingang viel zu weit oben. Es gab kaum etwas abzulaufen. Auch sind am Hang keinerlei Querrinnen erkennbar, die das Regenwasser von beiden Seiten dem Tunnel zugeführt hätten. Der Berg selbst ist porös. Wasser versickert oder sucht sich in kleinen Rinnsalen den Weg ins Tal. Wozu also der Tunnel? Der Westausgang des Tunnels endet abrupt einige Meter über dem Boden. Von einer Wasserzufuhr kann auf dieser Seite kaum die Rede sein. Und auf der Ostseite existiert zwar ein Kanal, der vom Tunnel aus hinunter ins Tal führt – doch wenig Zeichen auf das Vorhandensein von Wasser. (Bild 38 und 39) Wasser lässt Spuren zurück, gräbt sich ein, insbesondere dort, wo es von einer Felswand stürzt. Nichts davon ist erkennbar. Wozu also diente der Kanal und der sinnlose Tunnel? Sinnlos? Nichts, was Menschenhände mühsam erschaffen, ist sinnlos.

Im Dorf Bainun waren wir rasch von einem Pulk Kat-kauender Männer umringt. Kat, das sind die Blätter des Kat-Busches – lateinisch *Catha edulis* –, und Kat wird überall im Jemen angebaut. (Bild 40) Es handelt sich dabei um die jemenitische Nationaldroge – und die macht selig. Nachmittag für Nachmittag versinken Jemens Männer im Kat-Rausch. Vermutlich seit Salomons Zeiten. Die Blätter des Kat-Strauches werden zerkaut und der Brei im Mund zu einem Klümpchen geformt, das ständig von der rechten in die linke Wange hinüberwechselt. In dieser hellsichtigen Runde erkundigte ich mich nach dem Zweck des Tunnels. Ich sprach kein Wort jemenitisch, doch irgendeiner aus dem Klub mit den glasigen Augen, high gepumpt von der Droge, beherrschte einige Brocken eng-

▸ 38

▸ 39

▸ 40

lisch. Vielleicht hatte er mal in einem Büro gearbeitet. Er leitete meine Fragen an einen runzligen Greis weiter. Der kicherte listig, nickte eifrig und spuckte den grünen Kat-Saft auf den Boden. Der Tunnel sei von »Hadhads Dämonen« gebaut worden, der Kanal habe dazu gedient, Flüssigkeit aus der Stadt mit den himmlischen Türmen abzuleiten. Wovon redete der? Von einer »Stadt mit himmlischen Türmen«? Wer war »Hadhad«?, bohrte ich weiter. Etappenweise entlockte ich dem Kat-spuckenden Zwergengreis die nächsten Weisheiten. Er deutete zum Firmament. Der Vater von Bilqis (= Königin von Saba) habe Hadhad geheißen. Seine Residenz sei ein fliegender Palast aus Metall und Türmen gewesen. Salomon habe seinen Schwiegervater Hadhat oft besucht. Schließlich ging es auch um die Schönheit von Bilqis. Ob man denn das in meinem Land nicht wisse? Die glasigen Kat-Äuglein zwinkerten mir zu.

Märchenstunde. Das einzig Unbestrittene bleibt der Tunnel. Der existiert tatsächlich – ob mit oder ohne Salomons Dämonen, ob mit oder ohne eine fliegende Stadt, die von Zeit zu Zeit über einem ausgetrockneten Felsberg irgendetwas aufnahm oder entsorgte.

3. Kapitel

Falsche Gräber im Heiligen Land

Wie viele Hunderte von Millionen Menschen haben ihr Leben für den Glauben geopfert? Haben sich im heiligen Eifer für ihren Heilsbringer abschlachten lassen? Haben im Namen ihrer Religion selbst gewütet, gemordet, Unrecht getan? Wie viele Hunderte von Millionen Menschen glaubten, für Ihre Taten in den Himmel zu kommen? Zur Rechten Gottes zu sitzen und von ihm belohnt zu werden? Wie viele Hunderte von Millionen von Menschen sind von ihren religiösen Fanatikern zu ihrem Tun angestachelt worden? Von naiven Führern zudem, die den Unsinn, den sie verkündeten, selbst für wahr hielten? Weil es ja schließlich »geschrieben steht«? Irgendwo in irgendeinem heiligen Buch. Wie viele Hunderte von Millionen Menschen haben keine Ahnung, dass das, was in den heiligen Büchern steht, sich völlig anders abspielte?

Die großen Figuren der Religionen sind weltberühmt. Wissen wir also, wer sie waren? Was sie taten? Ob *Bibel, Koran* oder *Thora,* zwei Gestalten sind jedem bekannt: Moses und Aaron. Doch die Lichtgestalten hängen schräg in der Luft. Moses soll der zweite Sohn des Hebräers Amram vom Stamme Levi gewesen sein, sagt die *Jüdische Enzyklopädie.* [1] Aaron der Erstgeborene. Beruflich übte Aaron ein priesterliches Amt aus, und er galt als überzeugender Redner. Man hörte ihm zu. Sein Bruder Moses hingegen soll am ägyptischen Hof aufgewachsen sein. Und damit ist der gemischte Salat schon angerichtet.

Im zweiten Buch Moses ab Kapitel 2 ist nachzulesen, dass ein Weib aus dem Hause Levi schwanger wurde und ihr Neugeborenes in ein Kästchen aus Schilfrohr legte, das sie vorher mit Pech und Asphalt wasserdicht gemacht hatte. (Bild 41) Eine Tochter des Pharaos fischte das Kästchen aus dem Nil und fand ein weinendes Knäblein. Das Kind wurde am Hofe des Pharaos erzogen und erhielt später den Namen Moses. Eine rührende Geschichte. Nur stammt sie genauso aus älteren Quellen wie die Geschichte um die Geburt von Jesus.

Im indischen Epos *Mahabharata* erwartet die Jungfrau Kunti ein Kind von einem Sonnengott. Die Schande fürchtend, bettet sie ihr Baby in ein Binsenkörbchen, verdichtet es mit Pech und Asphalt und setzt es in einem Fluss aus. Ein braver Mann namens Adhirata fischt das Körbchen aus dem Wasser und erzieht das Kind. Später wurde daraus ein Herrscher. Nicht anders bei der Legende des babylonischen Königs Sargon I. (2334–2279 v. Chr.) Seine Mutter hatte ihn als Säugling in ein mit Pech versiegeltes Körbchen gelegt. Hofdamen zogen das Körbchen aus dem Wasser und aus dem Baby wurde der Herrscher Sargon.

Moses, Kunti und Sargon lebten räumlich und zeitlich betrachtet weit auseinander. Dabei ist die Moses-Legende definitiv die jüngste. Welche Variante hätten wir denn gern?

Weltbekannt ist der Auszug der Israeliten aus Ägypten, angeführt durch Moses. (Darüber wurden Monumentalfilme gedreht.) Trotz seiner Erziehung am Hof des Pharaos galt Moses als schlechter Redner. Er brauchte einen »offiziellen Sprecher«. So avancierte Aaron zum Stellvertreter seines jüngeren Bruders Moses. Wann immer Probleme auftauchten, die einen technisch versierten Verstand forderten, war Aaron zur Stelle. Er galt als Magier, der verblüffende Vorgänge bewirkte, die der Masse wie ein Wunder erschienen. Spektakulär war schon der Auftritt des Brüderpaares am Hofe des Pharaos. In den *Legenden der Juden* [2] wurde überliefert, Moses und Aaron hätten sich vor der Audienz gefürchtet, doch dann

▸ 41

sei der Erzengel Gabriel aufgetaucht und hätte die beiden mitten durch die Wachen in den Palast geführt. Obschon die Mannschaft wegen ihrer Unachtsamkeit bestraft wurde, wiederholte sich der rätselhafte Vorgang am nächsten Tag. Moses und Aaron gelangten unbehindert vor den Thron des Pharaos. (Bild 42) Sie müssen den stolzen Herrscher wohl ungeheuer beeindruckt haben, denn »sie glichen Engeln, ihr Äußeres reflektierte und glänzte wie die Sonne, die Pupillen ihrer Augen waren wie das Leuchten des Morgensterns, ihre Bärte wie

► 42

junge Palmzweige, und wenn sie sprachen, züngelten Flammen aus ihrem Mund.« Eine fabelhafte Inszenierung. Hollywood könnte es nicht besser.

In der Heiligen Schrift wird auch von einer Schlacht zwischen den Israeliten und den Amalekern (Amalekitern) berichtet. Moses, Aaron und Hur postierten sich auf einem nahen Hügel, während unten auf dem Feld die Krieger wüteten. »Solange nun Moses seine Arme hochhielt, hatte Israel die Oberhand; wenn er aber seine Arme sinken ließ, hatte Amalek die Oberhand. Da jedoch die Arme Moses schwerer wurden, nahmen sie einen Stein und legten denselben unter ihn, und er setzte sich darauf, während Aaron und Hur seine Arme stützten; der eine auf dieser, der andere auf jener Seite. So blieben seine Arme fest, bis die Sonne unterging.« (2. Mose 17, 11+12)

Der »Gottesstab«, mit dem Moses auf seine Feinde zielte, muss wohl ein erhebliches Gewicht gehabt haben. Es drängt sich das Bild einer Dreier-Crew auf. Moses, Aaron und Hur operierten mit einer kriegsentscheidenden Waffe von einer strategischen Position oberhalb des Schlachtfeldes aus. Über den siegbringenden Gegenstand kann nur spekuliert werden. Ein mit Sonnenlicht betriebener Laserstrahl? Der würde genauso in die damalige technische Wunderwelt passen wie Salomons Heißluftballone oder Abrahams Flug in den Erdorbit.

► 43

▸ 44

In der *Bibel* tauchen mehrere Engel auf, die nicht etwa nur Beobachter sind, sondern tatkräftig in das Geschehen eingreifen. Nachzulesen im Buch der Richter, wo ein »Engel des Herrn« vor dem Volke herzieht (Bild 43) oder im 2. Buch der Könige, Kapitel 19, Vers 35. Dort erschlug ein Engel gleich 185 000 Assyrer. »Und am anderen Morgen da waren sie alle tot, lauter Leichen.« (Bild 44) Keine Schlacht, keine Waffen, keine Kampfwagen, kein Gemetzel, Mann gegen Mann. Der Engel erledigte alles aus himmlischer Sicht. Die Parallele dazu findet sich an einer Tempelwand in Edfu, Ägypten. Dort zerstört ein göttliches Wesen mit dem Namen »Hor-Hut« die Feinde des Pharaos aus der Luft. »Und nach einem kurzen Zeitraum war kein lebendes Haupt mehr vorhanden.« [3]

Das Buch der Bücher strotzt von himmlischen Geschichten und ihren Helfern. Heute würde man sie »Begegnungen der vierten Art« nennen. Ein Trupp von Außerirdischen sucht sich – aus welchen Gründen auch immer – eine Gruppe von Menschen. Die werden beeinflusst und beeindruckt, sie werden auch unter Druck gesetzt. Dann hilft man den »Auserwählten« mit einer überlegenen Technologie, und unterstützt das Volk gegen seine Feinde. Ein rücksichtsloses Vorgehen. Das feindliche Leben hatte keinen Wert.

► 45

Jakob, ein Sohn von Isaak, erlebt eines Nachts, wie eine Treppe vom Himmel herabkommt und die Engel daran herauf- und herniedersteigen. (1. Mose 28, 11 ff.) (Bild 45) Der »Herr« persönlich bemüht sich dem Jakob zu versichern: »Ich bin der Herr, der Gott deines Vaters Abraham und der Gott Isaaks; das Land, auf dem du ruhst, will ich dir und deinen Nachkommen geben. Und deine Nachkommen sollen werden wie der Staub der Erde ...«

Derart allmächtig, wie sich der biblische Gott ausgab, war er offensichtlich nicht. Die Geschichte Israels beweist es.

In die Kategorie der angewandten Technologie gehört auch die Bundeslade. Bei Moses erfährt man, wie er von seinem Gott nicht nur die exakten Maße dieser Lade diktiert bekam, sondern ausdrücklich die Kopie eines Originals nachbauen musste: »*Und siehe zu, dass du alles genau nach dem Vorbilde machst, das dir auf dem Berg gezeigt werden soll.*« (2. Mose 25, 40) Wozu diente der geheimnisvolle Kasten? *Pierers Konversations-Lexikon* vermerkt: »Kiste aus Akazienholz, 1,75 Meter lang und einen Meter hoch und breit. In- und auswendig mit Gold überzogen.« [4] Der renommierte Theologe Prof. Dr. Hugo Gressmann hält die Lade für »nur etwa 1,25 Meter lang und 0,75 Meter breit und hoch.« [5] Reiner Schmitt, ebenfalls theologischer Herkunft, meint, die Lade sei »ein Behältnis für einen heiligen Stein gewesen« [6], während Professor Martin Dibelius versichert, es handle sich »um einen wandelnden, leeren Gottesthron oder um einen fahrbaren Götterwagen, auf dem eine Gottheit steht oder sitzt«. [7] Dem widerspricht Harry Torczyner, seinerseits Theologe, der überzeugt ist, die Lade habe »Protokolle, mindestens aber zwei Gesetzestafeln enthalten«. [8] (Bild 46 bis 48) Und so weiter! 50 Theologen – 50 verschiedene Meinungen. Feststeht, dass der Inhalt dieser Zauberkiste hochgefährlich war. Schon vor 200 Jahren entlarvte der Mathematiker Lazarus Bendavid (1762–1832) die

► 46

► 47

▸ 48

► 49

Lade mitsamt der Stiftshütte, in der sie aufbewahrt wurde, als »einen ziemlich vollständigen Apparat elektrischer Instrumente, der auch Wirkungen gezeigt hat«. [9] Dieser Herr Bendavid war seiner Zeit weit voraus. Als Mathematiker und orthodoxer Jude hatte er im jüdischen Buch *Sohar* viele Einzelheiten zur Bundeslade gefunden, die weder in der *Bibel* noch im *Talmud* standen. Bendavid: »Lebensgefahr muss nach den Talmudisten immer mit diesem Gang ins Allerheiligste verbunden gewesen sein. Der hohe Priester trat ihn stets mit einer gewissen Ängstlichkeit an und machte sich einen guten Tag, wenn er glücklich zurückkam.« (Bild 49 bis 51)

▸ 50

▸ 51

Recht hat er. Selbst in der *Bibel* werden mehrere tödliche Unfälle im Zusammenhang mit der Bundeslade geschildert. Nachzulesen im 2. Buch Samuel. Zum Schutz und zur Wartung der Lade hatte Aaron einen eigenen Levitentrupp zusammengestellt. Nur dessen Mitglieder durften sich – in besonderen Gewändern, mit Handschuhen und Brustpanzern gewappnet – der Lade nähern. Beim Transport ereignete sich der erste tödliche Unfall. Ussa, einer der geschulten Leviten, berührte die Lade an der falschen Stelle und fiel wie vom Blitz getroffen um. (2. Sam. 6, 3–7) Im späteren Verlauf der Geschichte gewannen die Philister eine Schlacht gegen die Israeliten, und die Sieger hatten nichts Besseres zu tun, als die Lade als Beutegut abzutransportieren. Als aber immer mehr Menschen starben, die in die Nähe der geheimnisvollen Kiste kamen, wollten sie ihre Beute rasch wieder loswerden, luden die Lade auf einen Wagen, spannten zwei Ochsen davor und peitschten die brüllenden Viecher bis an die Grenze von Beth-Semes. Die Leute von Beth-Semes freuten sich über die Rückkehr der Lade, jubelten und umtanzten das göttliche Objekt. An jenem Morgen starben auch auf israelitischer Seite 70 Frauen, Männer und Kinder. Weshalb, um Gottes Willen? Sie hatten doch nur ihren Herrn gelobt und ihm für die Rückkehr der Lade gedankt! Waren sie ohne Schutzkleidung zu nahe an das strahlende Objekt gekommen? Und dass es um gefährliche Strahlung ging, belegen die in der *Bibel* zitierten Diagnosen: Beulen, Schuppen, Haarausfall, blaue Hautflecken, Blutergüsse, dazu ein nicht enden wollendes Erbrechen.

Inzwischen entlarvte der britische Naturwissenschaftler George Sassoon die Bundeslade als einen Minireaktor, vermutlich betrieben mit Plutonium, wie es heute auch in Satelliten eingesetzt wird. [10] Plutonium? Lebensgefährlicher geht's kaum mehr. Doch weder Moses noch Aaron hatten an irgendeiner Hochschule Kernphysik studiert. Führte der Gott der Israeliten Experimente durch und Moses und Aaron dienten als seine Gehilfen?

Wo liegt die Höllenmaschine heute? Die Technik des 21. Jahrhunderts peilt auch die kleinsten Strahlenunfälle in Kernkraftwerken an. Wo also brütet »Gottes« Minireaktor still vor sich hin?

Nach den Wanderungen der Israeliten deponierte Salomon die Lade im Allerheiligsten des Tempels von Jerusalem. Geschützt durch dicke Mauern. Dort wurde sie später von seinem Sohn Baina-Lehkem nach Äthiopien entführt. Auf einem fliegenden Wagen, notabene. (Baina-Lehkem entstand aus der Verbindung von Salomon und der Königin von Saba.) Im äthiopischen Buch der Könige wird nicht nur die Geschichte des Diebstahls der Lade ausführlich beschrieben, sondern auch klargestellt, dass der Inhalt der Lade nicht irdischer Natur war.

»Das Himmlische *darin* (in der Lade) ist von wunderbarer Farbe und Arbeit, ähnlich dem Japsis, dem Glanzerz, dem Topas, dem Edelstein, dem Kristall und dem Licht, die Augen entzückend und den Sinn verwirrend, nach den Gedanken des Herrn gemacht, und *nicht von der Hand eines menschlichen Künstlers,* sondern er selbst hat sie (die Lade) zum Wohnsitz seiner Herrlichkeit erschaffen …« [Hervorhebungen durch EvD] (20, Kap. 17. aus 2. Kapitel]

Überschwänglich vor Freude begrüßte die Königin von Saba ihren Sohn. Schließlich führte er die Bundeslade im Fluggepäck. Als dann Tausende von Gaffern des eigenen Volkes an denselben Symptomen erkrankten und starben wie seinerzeit die Philister, ließ sie die Lade vergraben. Dort steht sie heute noch unter der Marienkathedrale der äthiopischen Stadt Axum. [11] (Bild 52) Oder zumindest das, was von ihr noch übrig ist. Axum ist die Stadt der Lade. Der geheimnisumwitterte Gegenstand taucht nicht nur auf steinernen Obelisken auf, nein, seine Existenz wird von der höchsten Geistlichkeit ausdrücklich bestätigt. So sagte das Oberhaupt der äthiopisch-orthodoxen Kirche, der Patriarch Abune Paulos, am 19. Juni 2009 bei einem interreligiösen Treffen in Rom: »Ja, die Bundeslade befindet sich in Axum. Ich habe sie gesehen. Sie stammt nicht von Menschenhand.« [12]

Und weshalb holt sich niemand diesen phänomenalen Minireaktor? Diesen einzigartigen Beweis für eine außerirdische Technologie, die weder in Moses noch Aarons Zeiten passt? Weshalb ist kein Aufschrei von den Kernkraftgegnern zu hören, die doch sonst wegen jedem Strahlenfurz in die Luft gehen? Und Plutonium ist beileibe kein Furz. Es wirkt über Jahrtausende zuverlässig tödlich. Weshalb geschieht nichts? Nun, einerseits verbietet die Religion jeden Eingriff, und andererseits dürfte sich der israelische Geheimdienst *Mossad* längst um die Lade gekümmert haben.

► 52

▶ 53

Alle biblischen Heldengestalten lebten hienieden. Wo sind eigentlich ihre sterblichen Hüllen? Derart eindrucksvolle Figuren müssen sich zweifellos tief im Bewusstsein der Völker eingegraben haben und in prächtigen Grüften zur ewigen Ruhe gebettet worden sein. Wo sind diese wichtigen Grabstätten? Findet man als Grabbeilagen vielleicht noch Überreste jener unverstandenen Technologien? Könnten Verstrahlungen der Gebeine nachgewiesen werden?

Der vorsintflutliche Prophet Henoch erlitt den Tod nicht. Im Alter von 365 Jahren wurde er mit Haut und Haaren in den Himmel, Pardon in ein Raumschiff, aufgenommen. Dasselbe wiederfuhr später dem Elias. (Bild 53) Auch er entschwand mit seinem Körper in einem himmlischen Feuerwagen. (2. Buch der Könige, Kap. 2) Andere Prominente aus dem Alten Testament erreichten Greisenalter, von denen unsere Genetiker nur zu träumen wagen. Adam lebte 930 Jahre – sein Sohn Seth brachte es auf 912, dessen Sohn Enos immerhin noch auf 905 Jahre. Und Adams Urenkel, des Enos-Sohn Kenan, schaffte 910 Lebensjahre. Das ging weiter so mit der munteren Greisenstaffette. (1. Mose 5 ff.) Mahalaleeh kam auf 895, Jahred auf 962 Jahre. Methusalem wurde mit 969 Jahren zum Rekordhalter, und Noahs Vater Lamech schaffte immerhin noch die Schnapszahl von 777 Jahren. Noah selbst legte erneut 950 Jahre hin und alle zusammengezählten Patriarchen schafften die Superzahl von 7566 Jahren. Sonnenjahre und auf der Erde, versteht sich.

Nur existiert kein einziges ihrer Gräber. Möglich, dass die Wassermassen der Sintflut die Grüfte wegschwemmten, aber wo blieben die Grabstätten der biblischen Hauptakteure nach der Flut?

Zwei Kilometer nördlich der heutigen Stadt Hebron liegt Mambre, der Hauptwohnort von Abraham. Die *Bibel* weiß sogar, dass Abraham sich »gegenüber von Mambre« ein Grundstück mit einer Grabhöhle kaufte. Für 400 Lot Silber. (1. Mose 23, 9) In dieser Familiengruft sollen auch sein Weib Sarah sowie seine Söhne Isaak und Jakob mitsamt ihren Gattinnen begraben liegen. Die *Bibel* vermerkt sogar den Namen des Abraham-Grabes: Machpela-Höhle. Dort, im Zentrum der Stadt Hebron, erhebt sich heute die wuchtige Al-Ibrahimi-Moschee. (Bild 54) Zu beiden Seiten des großen Gebetsraumes liegen Krypten, unter denen sich Isaaks und Rebekas Gräber befinden sollen. Auf sattgrünen Tüchern, beschriftet mit arabischen Zeichen, ist zu lesen: *»Das ist das Grab des Propheten*

▶ 54

Abraham. Er ruhe in Frieden.« Daneben zwei große Kenotaphe, das sind Pseudogräber zur Erinnerung an einen Verstorbenen, der dort nicht begraben liegt.

Tatsächlich stand an der Stelle seit dem 9. Jahrhundert eine islamische Moschee zu Ehren von Abraham. Im 12. Jahrhundert verwandelten die Kreuzritter die Moschee in ein christliches Kloster und tauften Hebron in »Sankt-Abraham-Stadt« um. Eines Tages, bei der Meditation, verspürte ein Mönch Zugluft, die aus der Wand kam. Jetzt wurde emsig nach Abrahams Grab gesucht, denn bislang wusste man nur aus der

Überlieferung, dass das Kloster über der Machpela-Höhle liegen sollte. Mit Holzhämmern klopften die geistlichen Herren Wände und Boden ab und entdeckten eine hohl klingende Stelle. Eine Steinplatte wurde entfernt und darunter eine Öffnung entdeckt. Hosianna singend stiegen die frommen Brüder eine steile Treppe hinab, die vor einer Felswand endete. Nun wurden kräftigere Hämmer geschwungen, die Wand brach ein, die Mönche gelangten in einen kleinen, kreisrunden, aber leeren Raum. Die enttäuschten Klosterbrüder tasteten die Wände ab und fanden schließlich einen keilförmigen Stein, der herausgezogen werden konnte. Dahinter eine kleine Grotte, und in einer Nische 15 Urnen ohne jede Beschriftung, ohne die kleinste Grabbeigabe.

Ich habe Mühe mir vorzustellen, dass ein sehr wohlhabender Patriarch wie Abraham, ein »Geliebter des Herrn«, so sang- und klanglos ohne Grabbeigaben und insbesondere ohne Sarkophag und Grabinschrift zur ewigen Ruhe gebettet wurde. Entweder enthielt die Gruft Grabbeigaben und Inschriften, und irgendwer ließ sie verschwinden, oder Abraham hat nie in der Machpela-Höhle gelegen. Es muss bedacht werden, dass Abraham der Stammvater aller großen Religionen ist. Verehrt von den Juden, Christen und Muslimen. Keine Religion hätte seine einzigartige Grabstätte zerstört. Unabhängig von allen militärischen Wirren wäre Abrahams Grab von allen und zu jeder Zeit als Heiligtum bewundert und erhalten worden.

Die gleiche Feststellung gilt für andere Prophetengräber. Den Touristen werden Grüfte von Esau, Lot, Joseph, David, Samuel, Nathan oder Rahel gezeigt, und vor jedem Heiligtum stehen blaue Tafeln, die es bezeugen: Doch in den Grüften stehen nur Kenotaphe. (Bild 55 bis 59) Pseudogräber. Wie soll an nicht vorhandenen Mumien wissenschaftliche Forschung betrieben werden? Etwa eine Altersbestimmung oder genetische Analysen?

מפקדת אזור יהודה והשומרון
משרד הדתות
קבר שמואל הנביא
قبر النبى ساموئل
TOMB OF SAMUEL THE PROPHET
נא לשמור על קדושת המקום
يرجى المحافظة على قدسية المكان
KINDLY SHOW RESPECT FOR THE SANCTITY OF THIS SITE

▸ 55

מפקדת אזור יהודה והשומרון
משרד הדתות
חלחול
حلحول
HALHUL
קברי נתן הנביא וגד החוזה
نبى يونس
TOMBS OF NATHAN AND GAD
נא לשמור על קדושת המקום
يرجى المحافظة على قدسية المكان
KINDLY SHOW RESPECT FOR THE SANCTITY OF THIS SITE

▸ 56

THE CAVE OF MACHPELAH
מערת המכפלה
DEAR VISITOR
מבקר נכבד
1. PLEASE PRESERVE THE SANCTITY OF THIS SITE.
1. נא לשמור על קדושת המקום.
2. PLEASE ENTER WITH COVERD HEAD AND MODEST DRESS.
2. הכניסה בכסוי ראש ובלבוש צנוע.
3. SMOKING, LIGHTING OF CANDLES OR ENTRANCE OF FOOD NOT ALLOWED.
3. עשון, הדלקת נרות והכנסת דברי מאכל אסורים.
4. CARRYING OF ARMS NOT ALLOWDED.
4. אין להכנס עם נשק.
5. PLEASE KEEP THIS SITE CLEAN AND ORDERLY.
5. הקפד על נקיון וסדר.
6. YOU ARE KINDLY REQUESTED TO COMPLY WITH THESE INSTRUCTIONS.
6. נא מלא אחר ההוראות
VISITING TIMES
מועדי הבקור
SUNDAY-THURSDAY
(INCL. SAT. AND HOLIDAYS)
בימים: א-ה
(כולל שבתות וחגים)

▸ 57

מפקדת אזור יהודה והשומרון
משרד הדתות
قيادة منطقة الضفة الغربية
وزارة الأديان
MILITARY COMMAND JUDAEA AND SAMARIA
MINISTRY OF RELIGIOUS AFFAIRS
באר יעקב
بئر يعقوب
JACOB´S WELL
נא לשמור על קדושת המקום
يُرجى المحافظة على قدسيّة المكان
KINDLY SHOW RESPECT FOR THE SANCTITY OF THIS SIT

▸ 58

► 59

Besonders mühsam wird es, wenn Gräber eines Propheten gleich mehrfach existieren. Etwa das des Jonas, der drei Tage im Bauch eines Walfisches, Pardon, eines U-Bootes, verbracht haben soll. (Bild 60) Jona im U-Boot? Blasphemie? Die altjüdischen Überlieferungen berichten, Jona sei in den Rachen des Fisches »gestiegen wie ein Mensch, der einen Raum betritt.

► 60

Die Augen des Wassertieres waren wie Fenster und leuchteten auch nach innen.« [13] Selbstverständlich konnte sich Jona mit dem Tier, das keines war, verständigen. Durch die Fischaugen – Bullaugen! – erkannte er »im Licht, gespendet wie die Sonne am Mittag«, alles, was im Meer und auf dem Meeresgrund vorging. Die starken Scheinwerfer machten es möglich.

Das Grab dieses vorgeschichtlichen U-Boot-Fahrers existiert gleich in sechsfacher Ausführung in:

1. Mesed in Galiläa
2. Nabi Yunis in Judäa
3. Halhul (Strecke Bethlehem–Hebron)
4. Tell Yunis (sechs Kilometer südlich von Jaffa)
5. Hama (circa 150 Kilometer nördlich von Damaskus)
6. En Nabi Yunis (zwischen Sidon und Beirut).

Geisterjagd. Und was kann der entnervte Grabsucher noch vorbringen, wenn eine derart grandiose Gestalt wie Moses im Gelobten Land bestattet liegt, obschon er dieses Land niemals betreten hat? Das Nabi Musa (= Moses-Grab) liegt nur 15 Kilometer abseits der Hauptstraße Jerusalem–Jericho. Noch so eine Schauergeschichte.

Im 5. Buch Moses Kapitel 34 sagt der Herr: *»Dies ist das Land, das ich Abraham, Isaak und Jakob zugeschworen habe. Aber dort hinüber sollst du nicht kommen …, und Moses, der Knecht des Herrn, starb daselbst im Lande Moab … und niemand kennt sein Grab bis auf den heutigen Tag.«*

Wie kam es zu dem Moses-Grab? (Bild 61 bis 64) Einst träumte der Sultan Saladin, Allah habe die sterblichen Reste von Moses auf die westliche Jordan-Seite gebracht. Dieser Traum reichte aus, um ein Heiligtum mit einem Moses-Grab entstehen zu lassen. 1265 ließ der Sultan Baibars darüber eine Moschee errichten, und im 15. Jahrhundert bauten Mameluken eine prächtige Herberge mit über 400 Räumen daneben.

מפקדת אזור יהודה והשומרון
משרד הדתות
נבי מוסא
نبي موسى
NEBI MUSA
אין להכנס למסגד ללא חליצת נעליים
ممنوع الدخول الى المسجد دون خلع الحذاء
YOU ARE KINDLY REQUESTED TO REMOVE YOUR SHOES BEFORE ENTERING THE MOSQUE
נא לשמור על קדושת המקום
يرجى المحافظة على قدسية المكان
KINDLY SHOW RESPECT FOR THE SANCTITY OF THIS SITE

► 61

נבי מוסא
نبي موسى
NEBI MUSA
YOU ARE KINDLY REQUESTED
TO REMOVE YOUR SHOES
BEFORE ENTERING THE MOSQUE
KINDLY SHOW RESPECT FOR
THE SANCTITY OF THIS SITE

▸ 62

▶ 63

Einkünfte gesichert! Heute pilgern jährlich 100 000 und mehr Besucher zum Moses-Grab. Andächtig erschauernd, ziehen sie an einem Gitter vorbei, darin ein Sarkophag, darüber ein grasgrünes Tuch. Sarkophag? Einmal mehr ist es ein Kenotaph. Eben. Nach dem Duden nichts anderes als ein leeres Grabmal zur Erinnerung an einen Toten, der dort nicht begraben ist. Glaube macht selig.

Und Aaron? Seine Ruhestätte ist bekannt. Gemäß der *Bibel* hat Moses seinen Bruder Aaron sogar höchstpersönlich be-

▸ 64

gleitet und betreut, als es ums Sterben ging. (4. Mose 20, 4 ff.) Finden sich in Aarons Grab irgendwelche technischen Relikte, um etwas Licht in die verschwommene Epoche zu bringen? Immerhin galt Aaron als der Chef aller Chefs, als der Zauberer unter den Oberzauberern. Er kann doch nicht spurlos verduftet sein. Tatsächlich liegt die Aaron-Gruft auf einem Berg oberhalb der jordanischen Felsenstadt Petra. Darüber forschte und berichtete ich vor 25 Jahren ausführlich. [14] Deshalb nur das Wichtigste:

Vor 2000 Jahren schrieb der griechische Geograf Strabon (63 v. Chr.–26 n. Chr.) über eine grandiose Hauptstadt der Nabatäer, Petra geheißen, in der »alle Häuser aus Fels geschnitten seien«. [15] Und der Historiker Diodorus Siculus, der im 1. vorchristlichen Jahrhundert lebte, kannte sogar Einzelheiten dieser Stadt. Er nannte »feste Felsen, auf welche immer nur wenige hinaufsteigen können« und aus dem Fels geschnittene, »mauerlose Häuser und Tempel«. [16] Aufgrund dieser Beschreibungen war der Schweizer Abenteurer und Reiseschriftsteller Johann Ludwig Burchhardt (1784–1817) auf Petra aufmerksam geworden. Er entdeckte den alten, längst vergessenen Ort im Jahre 1812. [17] Und opferte zu Ehren des großen Propheten Aaron, der dort begraben sein soll, eine Ziege.

Petra ist eigentlich unmöglich. Der Ursprung des Ortes wird den Nabatäern zugeschrieben, die den Mondgott »Dushara« verehrten. Und der wurde immer als Steinblock oder Obelisk symbolisiert. Dushara kommt vom arabischen »Dhuesh-Shera« und bedeutet »der von Shera«. Shera heißen auch die Gebirgszüge um Petra. Der Begriff taucht selbst im Alten Testament auf. Dort wird das Land der Edomiter »Seir« genannt, und dies ist identisch mit Shera. Die Edomiter wiederum sind die Vorfahren der Nabatäer. Sie stammen vom biblischen Esau ab, einem der Söhne Jakobs. Dazu der Fachmann G. Lankester Harding:

»Jehova wird ›der von Seir‹ geheißen, in anderen Worten die gleiche Person wie ›Dushara‹, und Jehowa wohnte ebenso in einem Steinblock, oft ›Beth-El‹, das Gotteshaus, genannt. Beiden wurden Altäre auf hohen Plätzen errichtet. Die Hochaltäre.« [18] (Bild 65 bis 67) Deshalb ist Petra die Felsenstadt. Diesen »Herrn der Schera-Berge« haben sich die Nabatäer »von Anfang an himmlisch und außerirdisch vorgestellt«, vermerkt der Alttestamentler Manfred Lindner. [19] So entstanden in

► 65

▸ 66

▸ 67

Petra Denkmäler für Gott Dushara und seine Geliebte Allat, die dem Planeten Venus zugeschrieben wird. Doch die Edomiter, jene Vorfahren der Nabatäer, verehrten seit jeher einen anderen Gott als die Israeliten. Ihr »Himmlischer« war eine sichtbar wirkende Gestalt. Sie fürchteten sich vor der realen Nähe ihres Gottes. Der »Herr in der Wolkensäule« war Wirklichkeit und keine abstrakte Figur, die sich in irgendwelchen Naturgewalten manifestierte. Dazu stellte der Theologe Robert

Pfeiffer fest: »Die Juden waren entgeistert über die edomitische Gottesvorstellung …, für sie war das nichts anderes als Atheismus.« [20] Jetzt aber soll das Grab des Stammvaters Esau »in den Bergen von Seir« liegen. Damit wäre Esau der Gründer der Felsenstadt Petra. Und da wie üblich viele seiner hochmögenden Fürsten und Priester wünschten, in der Nähe ihres Idols beerdigt zu werden, entstand die phänomenale Stadt in den Felsen. (Bild 68 bis 76)

▸ 68

► 69

▶ 70

▶ 71

▸ 72

▸ 73

▸ 74

▸ 75

▸ 76

In Petra ist nichts zusammengesetzt, es existieren keine aufeinandergetürmten Mäuerchen, keine Megalithen mussten mühsam die Berge hinaufgewuchtet werden. Keine Rampen oder Hebebühnen sind errichtet worden. Petra ist die aus dem Fels geschnittene Orgie in Stein. (In einem der Petra-Tempel wurden die Schlussszenen zum Indiana-Jones-Film über den Heiligen Gral gedreht.) Die Worte »abgeschnitten« und »herausgeschnitten« passen hervorragend auf Käse – und auf Petra. Glatte Felswände, scharfe Kanten, blitzsauber polierte Decken und immer wieder Stufen an den Felswänden, die von nirgendwo nach nirgendwo führen. (Bild 77 bis 89) Petras Tempel mögen sich von außen gleichen – sie sind es aber nicht. Und auf manchem Bauwerk thront eine gigantische Urne, wie alles andere aus einem Stück Fels gemacht. Und dann, auf einer der Bergkuppen, Aarons Grab.

▸ 77

► 78

► 79

► 80

▸ 81

▸ 82

► 83

► 84

▸ 85

▸ 86

▸ 87

▸ 88

▸ 89

Es liegt auf dem majestätischen Doppelgipfel des »Dschebel Harun«, 1330 Meter über dem Meer. Wie jedes Grab ist auch dieses heilig, vielleicht etwas heiliger als die anderen Grüfte. Touristen dürfen es nur von unten, vom Tal, in dem Petra liegt, aus betrachten. Vor einigen Jahren war ich dort oben – und kam genauso frustriert und enttäuscht zurück wie von all den anderen Prophetengräbern. Eine kleine Moschee steht

▸ 90

dort oben, und darin, ebenerdig, ein Kenotaph, an der Wand die weiß-rot-grüne Flagge des Islam und über dem Pseudograb grüne Seidentücher. (Bild 90 bis 94) Ein Stockwerk tiefer – im Felsen drin – ein Eisengitter, dahinter erneut grüne Tücher, ein weiterer, selbstverständlich grasgrün bedeckter Kenotaph, und schließlich, aus dem Fels herausgeschnitten, ein Loch. Darin ruht der sogenannte Aaron-Stein, der mindestens ebenso legendär sein soll wie der schwarze Stein in der Kaaba zu Mekka. Der Erzengel Gabriel selbst habe diesen Stein vom Himmel gebracht, um die Gruft seines Dieners Aaron zu ehren. Der Stein, so wird überliefert, bewirke Wunder und habe schon Blinde sehend gemacht.

Bei mir ist das Wunder ausgeblieben. Nirgendwo in der Gruft etwas Handfestes, etwas Messbares, wenigstens etwas Lesbares. Keinerlei Grabbeigaben, keine Lobpreisungen und schon gar nicht Aarons Zauberstab. Wen wundert's? Die jüdischen Legenden berichten nämlich, Engel hätten Aarons Leiche abtransportiert. Und das ging so:

Gott selbst eröffnete dem Moses, Aarons Tod sei festgelegt. »Nicht wegen seiner Sünden, sondern wegen der Hervorbringungen (Machenschaften?) der Schlange.« [20] War Aaron vergiftet worden? Wusste er zu viel? Hatte er die Macht seines Gottes durchschaut? Moses, Aaron und Eleasar stiegen zum Berg Hor empor. Oben angekommen, »öffnete sich vor ihnen

▸ 91

► 92

► 93

► 94

eine Höhle, und Moses forderte seinen Bruder auf, hineinzutreten«. [21] Dann befahl er, Aaron müsse seine Kleider ablegen und seinem Sohn Eleasar übergeben. Weshalb? Normale Tagesklamotten hätten wohl kaum den Besitzer wechseln müssen. Ging es um Technik, um einen speziellen Schutzanzug? Auch der geheimnisvolle Aaron-Stab wurde Eleasar übergeben. Anschließend schwebten »acht himmlische Kleidungsstücke heran und bedeckten Aaron«. Wunderbar! Der Felsenraum war beleuchtet, ein Tisch stand darin, auch ein Lager, um das herum sich mehrere Engel versammelt hatten. Jetzt begriff Aaron, dass dies sein Sterbebett sein würde. Doch Moses tröstete seinen Bruder. Er würde nicht wie ein Mensch, sondern »durch einen Kuss von Gott« sterben. Nachdem Moses und Eleasar die Grotte verlassen hatten, kamen Engel herbeigeflogen und entführten Aarons Totenbett »durch die Luft in den Himmel«. [22]

Und irgendwo dort oben, in jenen unnahbaren Gefilden des Weltraums, scheppern Aarons Gebeine vielleicht in den Schubladen eines Museums für verstrahlte Menschenknochen.

4. Kapitel

Nichts Neues unter dem Himmelszelt

Am 6. August 1945 um 08.15 Uhr explodierte über dem Stadtzentrum von Hiroshima, Japan, die erste Atombombe. Ein Feuerball mit einer Temperatur von 6000 Grad Celsius ließ Gebäude schmelzen, Mauern wurden in die Luft geschleudert, zerbröselten zu Sand. Die Leichen der Menschen sahen nicht mehr wie Menschen aus: verglüht, verstümmelt, zerrissen, aufgeblasen. Schwarze Knochen reckten sich aus zerfetzten Skeletten. 80 000 Menschen starben sofort. 14 000 davon verdampften in der Hitze. (Bild 95) Später entdeckte man in Stein eingebrannte Schatten. Eine Welt, wie sie die Menschheit nie zuvor erlebt hatte. Nie zuvor? Hier ein jahrtausendealter Bericht aus Indien: [1]

»*›Schneller Matali!‹, sprach Indra. ›Beeile dich mit meinem Himmelswagen …‹ Matali lenkte den Wagen, der wie die Sonnenstrahlen leuchtete, an den Ort, wo Rama auf seine Feinde traf … ›Nimm diesen Himmelswagen!‹, rief Matali Rama zu. Eingekleidet in himmlische Gewänder bestieg Rama den Wagen und warf sich in eine Schlacht, wie menschliche Augen sie nie zuvor erblickt hatten … Wolken von tödlichen Geschossen verdunkelten das leuchtende Gesicht des Firmaments. Hügel, Täler und der Ozean wurden von schrecklichen Winden aufgerüttelt, die Sonne erschien fahl. Als die Schlacht auch jetzt nicht enden wollte, nahm Rama in seiner Wut Brahmas Waffe, die mit himmlischem Feuer geladen war. Es war die geflügelte Lichtwaffe, tödlich wie der Blitz des Himmels …*«

▸ 95

Die Fortsetzung der grauenhaften Schlacht wird im 5. Buch des *Mahabharata* überliefert: [2]

»Von der Glut der Waffe versengt torkelte die Welt in Hitze. Elefanten waren angebrannt und taumelten hin und her …, das Wasser kochte, alle Fische starben …, die Bäume stürzten reihenweise …, alle Streitwagen verbrannten …, es bot sich ein schauerlicher Anblick. Die Leichen waren von der fürchterlichen Hitze verstümmelt, sie sahen nicht mehr wie Menschen aus. Niemals zuvor gab es eine derart grauenhafte Waffe, niemals

zuvor haben wir von einer solchen Waffe gehört ..., die Krieger, die weiter entfernt standen, rissen sich ihre Rüstungen vom Leib, sprangen in die Flüsse und wuschen alles, was sie berührt hatten. Den Menschen fielen die Haare aus und die Nägel an Händen und Füßen ab. Alles Lebendige verblasste, es war vom tödlichen Hauch der Waffe belegt.«

Und bei den Frauen, die sich weiter vom Explosionsherd entfernt aufhielten, »starben auch die ungeborenen Kinder im Mutterleib«.

1989 postulierte der Politikwissenschaftler Francis Fukuyama in mehreren Artikeln und einem geistreichen Buch *Das Ende der Geschichte.* [3] Doch die Geschichte ist nie zu Ende. In Hiroshima und Nagasaki explodierten entsetzliche Waffen – Waffen, die bereits vor Jahrtausenden schon einmal eingesetzt wurden. Die Geschichte wiederholt sich. Die Spuren unverständlicher Zerstörungen sind da und dort noch sichtbar. Etwa in »Salomons Garten«, dem Hochland von Kaschmir. Dort liegen Ruinen, für die das Wort »Ruinen« nicht mehr zutrifft. (Bild 96 und 97) Wie in der Mythologie blieb buchstäblich kein Stein auf dem anderen.

Selbstsicher und schulverblendet gaukeln wir uns vor, in unserem aufregenden Zeitalter die höchsten Technologien entwickelt zu haben, Zeugen einer unvorstellbaren Wissenschaft zu sein. Wenig davon stimmt. Im Jahre 1890 (!) veröffentlichte der US-Professor J. W. Buel sein umfangreiches Werk *Die Geschichte des Menschen.* [4] Darin stellt er Fragen wie diese:

»Hat Gutenberg die Buchdruckkunst erfunden? Weshalb gab es dann schon 2000 Jahre früher bedrucktes Papier in

China? War Galileo der Erfinder des Teleskops? Woher kannten es dann die zentralamerikanischen Kulturen? Woher stammte das Fernrohr, das der römische Kaiser Nero benutzte, um Gladiatorenkämpfe zu beobachten? In der Vatikanischen Bibliothek in Rom werden einige Edelsteine aus fernen Ländern aufbewahrt, auf denen mikroskopische Zeichnungen eingraviert sind. Zum Beispiel der nackte Körper von Herkules inklusive jedes Muskels und der einzelnen Haare. Welche Wissenschaft steckte dahinter? Unsere Generation ist sicher, den Stahl erfunden zu haben. Aber die Assyrer und Inder be-

▸ 96

herrschten den Stahl Jahrtausende vorher. Selbst Saladin, der gegen die Kreuzritter kämpfte, tat dies mit einem Schwert aus Stahl. Ist Glas eine Erfindung in nachchristlicher Zeit? Aber in den Ruinen von Pompeji, zerstört vor 2000 Jahren durch den Vulkan Vesuv, wurde eine regelrechte Glasfabrik gefunden mit Hunderten von gläsernen Kunstwerken. Wir sind stolz auf die Erfindung der Elektrizität. Aber elektrische Signallampen kamen bereits in Salomons Tempel zum Einsatz. Sprengstoff, Schwarzpulver, eine Erfindung des Mittelalters? In China kannte man es Jahrtausende früher …«

▸ 97

Ich lebe in einer Zeit, in der eine internationale Raumstation um die Erde kreist. In einer aufregenden Epoche, in der die Chinesen geräumige Habitate im Weltall planen. (Bild 98) Heute schon werden sie »himmlische Paläste« genannt – in 20 Jahren sollen sie einsatzbereit sein. Fantastisch?

Alles schon einmal da gewesen. Im jahrtausendealten Buch *Drona Parva* – Bestandteil des *Mahabharata* – ist auf Seite 690, in Vers 62 zu lesen: [2]

»*Ursprünglich verfügten die tapferen Asuras über drei Städte im Himmel. Jede dieser Städte war groß und vorzüglich gebaut. Eine bestand aus Eisen (sah wie Eisen aus), die zweite aus Silber und die dritte aus Gold. Die goldene Stadt gehörte Kamalaska, die silbrige Tarakakhsa, und die dritte hatte Vidyunmalin als Gebieter …*«

In Vers 77, der auf Seite 691 zu finden ist, wird die Vernichtung dieser Weltraumstädte beschrieben:

»*Civa, der diesen vorzüglichen Wagen flog, der aus all den himmlischen Kräften zusammengesetzt war, bereitete sich auf die Zerstörung der drei Städte vor. Und Asuras … befahl eine einzigartige Kampfposition … Als dann die drei Städte am Firmament zusammenkamen (in günstige Schussposition gerieten), durchbohrte sie der Gott Mahadeva mit seinem schrecklichen Strahl aus dreifachen Gürteln. Die Danavas waren unfähig, diesem Strahl, der mit Yuga-Feuer beseelt und aus Wischnu und Soma zusammengesetzt war, zu trotzen. Während die drei Städte zu brennen begannen, eilte Parvati dorthin, um sich das Schauspiel anzusehen …*«

Kritiker werden versuchen, diese klaren Textaussagen im religiös-psychologischen Nebel verschwinden zu lassen. Man wird argumentieren, es sei vom »Himmel«, nicht aber vom »Weltall« die Rede. Sanskritkenner wissen hingegen, dass das Wörtchen »Himmel« in den altindischen Texten weder ein Sy-

► 98

nonym für »Glückseligkeit« noch eines für »Leben nach dem Tod« ist. Der Wortstamm im Sanskrit bedeutet »dort oben« und »über den Wolken«. Als Professor Dr. Pratap Chandra Roy, der berühmteste Sanskritexperte seiner Zeit, in den 1880er-Jahren das altindische Buch *Drona Parva* ins Englische übertrug, ahnte er nichts von den Zukunftspalästen der Chinesen, wusste nichts von Raumfahrt oder Generationenraumschiffen. Er übersetzte: *The three cities came together in the firmament* – die drei Städte kamen am Firmament zusammen.

Jeder Versuch, die unbequemen Weltraumstädte in den religiösen Himmel der allgemeinen Glückseligkeit zu verpflanzen, muss scheitern. Weshalb? Weil dann zugegeben werden müsste, dass im »glückseligen Himmel« mit fürchterlichen Waffen gekämpft wurde. Das passt so wenig in den Himmel wie Luzifers Kampf gegen den Erzengel Michael – der auch im Himmel stattfand. Absolutes Glück und gleichzeitig schrecklicher Kampf sind zwei derart offensichtliche Gegensätze, die in etwa dem entsprechen, als würden künftige Raumfahrer eine Kuhweide in einem Marskrater finden.

Waren es die Gebrüder Wright und andere Pioniere, die zu Beginn des 20. Jahrhunderts das Flugzeug erfanden? Überquerte Charles Lindbergh am 20. Mai 1927 als Erster in einem Nonstop-Flug den Atlantik? War der Sowjetbürger Juri Gagarin der Erste im Weltall und Neil Amstrong der erste Mensch auf dem Mond? Ist das Unterseeboot eine Erfindung unserer Zeit?

Im 1. Buch, Kapitel 111, Vers 1 des altindischen *Rigveda* wird über ein Himmelsschiff berichtet, das sich überall hinbewegen konnte. [5] »Auch am Firmament als auch im Himmelsgewölbe.« (Rv. 1. 20, 3) Dieses Himmelsschiff war dreieckig, groß, verfügte über drei Stockwerke und wurde von drei Piloten geflogen. Das riesige Fluggefährt besaß Räder, die eingezogen werden konnten. (Rv. 1, 30. 18–20) Zudem bewegte sich das Schiff in der Erdatmosphäre, im Weltraum und unternahm Reisen zum Mond. Die Fahrgäste hatten es bequemer als unsere Astronauten in ihren engen Kisten. Mahlzeiten wurden angeboten und die Innenräume waren luxuriös ausstaffiert. Im *Rigveda* wird ausdrücklich betont, das himmlische Fahrzeug habe sich ohne irgendwelche »Streitrosse« bewegt, und wenn das Himmelsschiff von einer seiner Reisen zurückkehrte, hätten sich am Landeplatz viele Menschen versammelt, um das Schauspiel zu beobachten.

In den *Rigveda*-Textstellen 5. 73. 6, 1. 181. 3–4, 1. 180. 2 und 4. 45. 7 wird ein Amphibienfahrzeug beschrieben, das sowohl fliegen als auch tauchen konnte. Beim Auftauchen aus dem Wasser und dem abschließenden Abheben von dessen Oberfläche verursachte es einen fürchterlichen Lärm. Seine Geschwindigkeit war derart hoch, dass es rasch am Firmament verschwand. Seltsam. In einem ganz anderen Teil der Welt, nämlich in der griechischen Geschichte der *Argonautica*, überliefert erstmals vor 2700 Jahren von Apollonius von Rhodos, schießt urplötzlich ein Meeresgott namens Glaukos wie ein Unterseeboot aus der Tiefe an die Wasseroberfläche. [6, 7] Der Gott überbrachte den Argonauten eine Botschaft von Zeus. Anschließend tauchte Glaukos »schnell unter und sank in die Tiefe. Über ihm schäumte die Flut in vielen wirbelnden Kreisen und ergoss sich über das Schiff.« Die Argonauten (die Mannschaft des Schiffes *Argos*) erlebten auch, wie Gott Apollon über ihre Köpfe flog. Dies geschah direkt auf der Route zum Land der Hyperboreer. Und das lag »jenseits der Nordwinde«. Apollo überflog eine Insel, die unter dem Lärm seiner fliegenden Barke erbebte. Dies wiederum erschütterte das Innenleben der Argonauten derart, dass sie ihrem Gott Apollo auf der Stelle einen Altar errichteten. Der Schrecken, der einerseits vom Unterseeboot und andererseits vom Flugschiff Apollos verursacht wurde, muss die Mannschaft tief beeindruckt haben.

Im 5. Jahrhundert lebte am Hof der Guptakönige auch der größte Dichter Indiens: Kalidasa. In seinen Werken schöpfte er aus den altindischen Literaturüberlieferungen, die ihm am Königshof in sauberen Abschriften zur Verfügung standen. So behandelt er in seinem Werk *Raghuwamscha* die Geschichte der alten Herrscher von Raghu, und dort, im Gesang Nummer 13. 1–79, mit akribischer Genauigkeit einen Flug von Lanka nach Ayodhya. Als der König nach der Fahrt aus dem Luftfahrzeug stieg, stellte er zu seiner Verblüffung fest, dass sich die Räder zwar drehten, dennoch aber keinen Staub aufwirbelten. Zudem berührten sie den Boden nicht, obschon Rama dem Fahrzeug auf einer metallenen Treppe entstieg. Matali, einer der Piloten, klärte den König auf. Der Unterschied rühre daher, dass diesmal ein Himmelswagen der Götter benutzt worden sei …

Im *Vanaparvan* (Bestandteil des indischen *Mahabharata,* Kap. 168–173) werden als Wohnstätten der Götter regelrechte Weltraumhabitate genannt, die hoch über der Erde ihre Runden drehten. Dagegen sind die künftig geplanten »himmlischen Paläste« der Chinesen ein Klacks. Damals, vor Jahrtausenden, besuchte Arjuna eines dieser himmlischen Gebilde. Schon vor dem Start auf Erden sah er Wagen, die flugunfähig am Boden standen, während andere über dem Startgebiet schwebten. [8]

»… Arjuna wünschte, dass Indras himmlischer Wagen zu ihm gelange. Und mit Matali kam plötzlich im Lichterglanz der Wagen an, Finsternis aus der Luft scheuchend und erleuchtend die Wolken, die Weltgegenden anfüllend mit Getöse, dem Donner gleich … Mit dem Zaubergebilde fuhr er freudig empor. Als er sich dem Bezirke näherte, der unsichtbar den Sterblichen, den Erdenwandelnden, sah Himmelswagen er, wunderschön, zu Tausenden. Dort scheint die Sonne nicht, der Mond nicht, dort glänzt das Feuer nicht, sondern im eigenen Glanz leuchtet da, was als Sternengestalt unten auf der Erde gesehen wird. Ob großer Ferne gleich Lampen, obwohl es eigene Körper sind …«

Fliegerei, Unterseeboote, Raumfahrt, Mondflüge – Erfindungen unserer Zeit? Alles schon da gewesen. Und was wollten jene Außerirdischen eigentlich? Weshalb besuchten sie die Erde? Im *Rigveda* 5. 6. 1–4, doch auch im *Sabhaparva* (Kap. 11, Verse 1–4) wird klargemacht, dass die Fremden hier gewesen seien, *um die Menschen zu studieren.* Es waren die Götter, die uns ihr Wissen beibrachten. Dasselbe versichern übrigens auch die westlichen antiken Historiker: vom Griechen Herdodot über Strabon, Plutarch bis hin zu Diodor von Sizilien, der im 1. Jahrhundert nach Christus immerhin ein 40-bändiges Geschichtswerk hinterließ. Dabei muss die Technologie jener Weltraumbesucher, die vor Jahrtausenden die Menschen studierten, einen Stand erreicht haben, von dem wir nur träumen können.

In Tibet war es der »große Lehrer namens Padmasambhva«, der seine Schüler unterwies. Beim Abschied erschien am Firmament etwas wie »ein Pferd aus Gold und Silber«. Alle Schüler und auch alle Gaffer ringsum konnten sehen, wie es durch die Luft herankam. Der »große Lehrer« bestieg das Himmelsfahrzeug, drehte sich noch einmal um und sagte zu den Anwesenden: »Mich zu suchen wird kein Ende sein.« [9] Dann flog er davon.

»Als sie hinblickten, sahen sie sein Fahrzeug so groß wie einen Raben; als sie wieder hinsahen, sahen sie es so groß wie eine Drossel und dann wieder glich es einer Fliege. Und dann erschien es unklar und verschwimmend, so groß wie ein Läuse-Ei. Und als sie wieder hinsahen, da sahen sie es nicht mehr.«

»Nichts ist unglaubwürdiger als die Wirklichkeit.« (F. Dostojewski, 1821–1881)

Aber wo liegen eigentlich die Überreste jener himmlischen Fahrzeuge? Wo die Trümmer von Raumschiffen, fliegenden Barken, Salomons Flugwagen oder all den indischen Vimanas? Gegenfrage: Wo liegen denn die Trümmer der Flugzeuge, die im Zweiten Weltkrieg zu Zehntausenden abgeschossen wurden? Sie sind verrostet, haben sich aufgelöst, wurden von Bakterien und Grünzeug umgewandelt und zu Staub zerfressen. Wenige Oldtimer schafften es in die Museen. Der Rest ist vom Winde verweht. Nun vergingen seit dem Zweiten Weltkrieg gerade einmal 70 Jährchen – bei den Trümmern jener fliegenden Barken und geflügelten Sonnenscheiben hingegen geht es um mindestens 5000 Jahre. Eine sehr lange Zeit. Zudem haben die »himmlischen Lehrmeister« ihren wertvollen Plunder nicht auf der Erde liegen lassen, sondern wieder mitgenommen.

► 99

▸ 100

Doch die Menschen konnten jenes grandiose Zeitalter der Götter nicht vergessen. Zu tief hatte sich alles ins Bewusstsein eingeprägt. Also begannen unsere Vorfahren, die Heldentaten jener Götter in Stein zu verewigen. In der indischen Tempelstadt Mahabalipuram entstanden die *fünf Rathas.* Das sind Götterwagen, en bloc aus den Felsen geschnitten. (Bild 99 bis 104) Diese *fünf Rathas* sind den Pandava-Brüdern gewidmet, den Siegern einer Schlacht aus dem *Mahabharata.* Der Götterwagen von Arjuna, dem Menschen, der eine Himmelsstadt besuchen durfte, ist pyramidenförmig. Lebensgroße Elefanten und Löwen beschützen das Gebilde. Andere Rathas zeigen rechteckige Nischen, jede von einem anderen Diener bewohnt, oder Tempelchen innerhalb der Götterwagen, in denen der jeweilige Held glücklich sitzt.

► 101

▶ 102

► 103

► 104

Viele indischen Tempel, ob sie nun in unserer Zeit oder vor Jahrtausenden gebaut wurden, tragen an ihrer Spitze ein Vimana. Das sind jene fliegenden Apparate, die wir heute *Space Shuttle* nennen würden. Mal sehen diese Dinger wie riesige Behälter aus, jederzeit bereit zum Abheben, mal wie kreisförmige UFOs. (Bild 105 bis 109) Jene Generationen nach den Besuchen der himmlischen Lehrmeister, nach den vernichtenden Kriegen, in denen sogar Atomwaffen zum Einsatz kamen, hatten ihre Götter nicht mehr persönlich erlebt. Also wurden die Künstler aus der Überlieferung heraus tätig. Nicht anders in unserer Welt, wo der Holzschnitzer aus Oberammergau weder je die Mutter Gottes persönlich gesehen noch

► 105

► 106

► 107

► 108

► 109

die Himmelfahrt Jesu erlebt hat. Also wurde nach der Vorstellung geschnitzt, modelliert und stuckiert. Jetzt hieß es, die unverständlichen Wesen der indischen Überlieferung seien stark wie Elefanten, listig wie die Ratten, schlau wie der Tiger gewesen. Sie seien höher und schneller als die Adler geflogen und mit ihrer Hilfe sei der Gott Wischnu gereist. Entsprechend entstand der Himmelsvogel Garuda, das Reittier von Wischnu. Garuda konnte zum Mond fliegen, Bomben abwerfen und Gefangene befreien. So wurde Garuda auf hundertfach unterschiedliche Arten dargestellt – jeder Künstler benutzte dabei seine eigene Fantasie. (Bild 110 bis 116)

► 110

► 111

► 113

► 112

► 114

► 115

► 116

Das gilt genauso für den fliegenden Drachen im Alten China. Einst existierten »Drachenkönige«, die vom Himmel gekommen waren. Sie waren die Urväter der späteren Kaiser. Und da es auf unserem Planeten zu keiner Zeit fliegende, feuerspeiende Ungeheuer gab, entstanden aus feuerspuckenden Raumschiffen feuerspeiende Drachen. Die künstlerische Fantasie ist so unendlich wie das Universum. (Bild 117 bis 122)

▸ 117

► 118

► 119

► 120

► 121

► 122

► 123

Ganescha wiederum könnte ursprünglich ein Roboter gewesen sein. Er wurde nämlich von seinen Eltern, dem Götterpaar Schiwa und Parvati, nicht gezeugt, sondern aus dem Gehirn erschaffen. Schon vor ihrem Erdenbesuch hatten die himmlischen Eltern beratschlagt, wie wohl die Hindernisse auf dieser fremden Welt beiseitegeschafft werden könnten. Auch die Versammlung der Himmlischen hatte Schiwa um Beistand gebeten: »Oh Gott der Götter, nur du bist in der Lage, ein Wesen zu schaffen, das fähig ist, alle Hindernisse wegzuräumen …« [10] So schufen sie ein Wesen mit Menschenkörper und Elefantenkopf, das in alle Richtungen blicken und mit Händen, Füßen und Rüssel zupacken konnte. Ganescha war ein Vielzweckgott. Frühe Darstellungen zeigen ihn mit einem Heiligenschein »wie er vom Himmel fliegt« [11]. In den Tempeln ist er eng mit den neun Planeten verbunden. Und bis heute ist Ganescha, der Gott mit dem Rüssel, populär geblieben. Beispielsweise beim Hausbau. »Wenn ein Hindu ein Haus baut, stellt er zuerst ein Ganescha-Bild auf die Baustelle. Wenn er ein Buch schreibt, wird zuerst Ganescha begrüßt. Ganescha fungiert als Briefkopf, wird vor einer Reise angerufen oder im Garten aufgestellt.« [12] Er gilt als Beseitiger aller Hindernisse. (Bild 123 bis 128)

► 124

► 125

► 126

► 127

▸ 128

► 129

Weshalb wünschen sich Kinder Spielzeugautos? Weil sie die Großen imitieren wollen. Spielzeugflugzeuge, Spielzeugeisenbahnen, Spielzeugpuppen, Spielzeuge aller Art. Imitationen. Man möchte so sein wie die Bewunderten, Vergöttlichten. Man will ihre Taten nachahmen. Dementsprechend findet man in Indien riesige Götterwagen. Zu Ehren irgendwelcher himmlischen Wesen, die einst mit derartigen Wagen herumfuhren. (Bild 129)

Der große Tempel von Prambanan auf Java (unweit von Yogyakarta) ist Schiwa gewidmet. Heute ein Trümmerfeld, wurden hier ursprünglich die Fahrzeuge der Götter dargestellt. (Bild 130 und 131) Um die sechs Haupttürme herum sind 156 symmetrische, gleich große Schreine für die begleitenden Figuren zugeordnet. Die steinerne Statue des vierarmigen Schiwa – sein

▸ 130

► 131

Kopf ist umgeben von einem ovalen Heiligenschein – steht im zentralen Vimana. Nebenan in einer Kammer wacht Ganescha. In den Balustraden sorgen 22 Musiker und Tänzer für Unterhaltung während der Himmelsreise. In steinernen Bildern erzählt die Mauer die ganze Geschichte, wie sie im *Ramayana* überliefert ist. Dargestellt ist das fliegende Fahrzeug, in dem die Königin Sita entführt wurde. Wischnus Reittier Garuda fehlt so wenig wie der Affenkönig Hanuman, der mit seinem Flugapparat von Indien nach Ceylon gelangt war.

Asien ist der Kontinent der Tempel, der steingewordenen Überlieferungen – und der Borobudur in Mitteljava das größte Monument der südlichen Hemisphäre. (Bild 132) Eine ursprünglich 45 Meter hohe Tempelpyramide, die ihrerseits auf einem künstlichen Hügel steht. Neun Terrassen sind wie eine sich nach oben hin verjüngende Hochzeitstorte aufgeschichtet. Die Mauern und Gänge zeigen beidseitig 1300 Reliefs aus dem Leben Buddhas, doch auch die Himmelsregionen, die Buddha bereist haben soll. (Bild 133 bis 138) Außerdem zu sehen: der Sonnengott Surya, der Mondgott Chandra, der Feuergott Agni und viele Vimanas, die als himmlische Paläste dargestellt sind. Zu denken gibt das Vehikel, in dem Buddha den Gefilden der Glückseligkeit zustrebte: eine Stupa. Uns Menschen aus dem Westen erinnert die Stupa an eine Glocke mit Griff. Doch sie gilt – neben verschiedenen anderen Interpretationen, die beispielsweise mit der buddhistischen Dreieinigkeit zu tun haben – auch als Beförderungsmittel zur Götterwelt am Firmament. Entsprechend ist die ganze überwältigende Masse des Borobudur in seiner Grundform eine kolossale Stupa. Die Stupaform wiederholt sich nicht weniger als 1472 Mal. Unten, auf der ersten Terrasse, stehen 32 Stupas, darüber, auf der zweiten, 24, und dann auf der obersten 16 – insgesamt 72. Diese Stupas sind aber nicht leer. In jeder sitzt der junge Buddha mit ange-

▸ 132

▸ 133

▸ 134

► 135

► 136

► 137

► 138

► 139

winkelten Ellbogen und vollführt rituelle Handbewegungen. (Bild 139) Er sitzt im kleinen Fahrzeug – dem Vimana –, mit dem er das große Fahrzeug – den »himmlischen Palast« – am Firmament erreichen will.

Ich wies schon früher darauf hin [13]: Für nicht ganz Blinde ist die Verbindung in ein fernes Land auf der anderen Seite der Erdkugel offensichtlich. Dort, auf der weltberühmten Grabplatte von Palenque in Mexiko, sitzt der Maya-Herrscher Pacal in derselben Position wie Buddha, vollführt dieselben rituellen Handbewegungen und fliegt, wie die neuesten wissenschaftlichen Übersetzungen belegen, genauso himmelwärts wie sein asiatischer Kollege Buddha. [14] Weit hergeholt?

Nein. Derselbe Gedanke findet nämlich seine Bestätigung im Alten Sumer. Dort lebte vor rund 4300 Jahren eine Priesterfürstin des Namens »Encheduanna«. Sie war des Schreibens mächtig und bekritzelte viele Tafeln mit Keilschriften, die in unserer Zeit von Dr. Hermann Burgard neu übersetzt wurden. Der studierte jahrzehntelang Sumerologie. Er kennt jeden Wortstamm und jede Querverbindung. Seinen Fachkollegen wirft er unsauberes Arbeiten und die Beibehaltung jahrhundertealter Missverständnisse vor. [15] Im neu vorliegenden zweiten Band seiner Übersetzungen belegt Dr. Burgard blitzsauber die ehemalige Existenz einer Raumstation im Orbit. Dieses Weltraumhabitat wurde von der Erde aus mit einem »kleineren Gerät« erreicht. Das wiederum dockte in einer Landebucht an, »die sich wie eine Falle schloss«. [16] Dr. Burgards Übersetzungen markieren den endgültigen Wendepunkt in der Sumerologie. Es gibt kein Zurück mehr. Die bisherigen Übersetzungen wurden als Irrtümmer entlarvt, weil sie von falschen Voraussetzungen ausgingen. In jener grauen Vorzeit der Menschen wurde nicht irgendein Himmel der Glückseligkeit besungen, wurden keine Wetterphänomene oder Naturkatastrophen beschrieben. Es ging zu keiner Zeit um diffuse Religionen oder psychologisch herbeigeredeten Unsinn, sondern um harte Realitäten. Ob in Sumer, im alten Indien, in den ägyptischen Pyramidentexten oder in Bezug auf die Stupas – die kleinen Fahrzeuge – auf dem Borobudur beziehungsweise die Grabplatte von Palenque in Mexiko. (Bild 140)

Die Zeit ist reif, unseren religiös-psychologischen Blindflug der vergangenen Jahrhunderte zu beenden und die Dinge mit einem befreiten Verstand zu betrachten.

► 140

5. Kapitel

Und sie waren doch da!

Die Aussagen der Mythen sind globaler Natur – und sie waren es schon zu einem Zeitpunkt, als noch keine Globalität existierte. Vor Jahrtausenden funktionierten nun mal keine weltweiten Verbindungen. Es gab weder Flug- noch Schiffsverkehr, weder Tourismus noch irgendwelche Radiokontakte. Aber – verblüffend genug! – weltweit dieselben Überlieferungen. Dies belege ich an 30 Beispielen.

Der Gott Rongomai, beheimatet in Neuseeland und auf mehreren Südseeinseln, erschien »wie ein leuchtender Stern, wie eine Feuerflamme …« Die Erde wurde aufgewühlt, Staubwolken verhüllten den Blick, der Lärm war »wie der Donner, dann wie das Rauschen einer Muschel«. [1]

Kukulkan oder Kukumatz (bei den Azteken Quetzalcoatl) kam vom Morgenstern zu den Maya. Als geflügelte Schlange oder strahlenbekränztes, himmlisches Wesen ist er in den Maya-Bauwerken allgegenwärtig. Sein wirkliches Gesicht sah niemand. [2, 3, 4]

Vom ägyptischen Gott »Hor-hut« ist überliefert, er sei »in Gestalt einer großen Sonnenscheibe mit Flügeln« zum Firmament gefahren, und »von der Himmelshöhe aus« habe er die Feinde des Pharaos vernichtet. [5]

Im altindischen *Rigveda* werden die göttlichen Zwillinge mit folgenden Worten beschrieben: »Preiset … die, die im weiten Raum des Himmels herangewachsen sind …, kommt her, ihr Marut, vom Himmel, von der Luft …, ihr blitzestrahlenden Wesen mit den furchtbaren Geschossen, Berge erschütternd, ihr Marut von donnernder Wucht ..., ihr fahret im Himmel und auf der Erde.« [6]

Insgesamt 13 Donnergötter mit verwirrenden Namen sind in Zentralamerika vom Himmel gestiegen. Sie alle gelten als Lehrmeister der Maya. [7]

Die Azteken-Götter Ecatl, Tezcatlipoca und Totec (auch der Herr des Ringes genannt) stiegen ausnahmslos »mit Feuer und Rauschen« auf die Erde hernieder. [8]

Auf der Insel Raivavae (Französisch-Polynesien) gilt der Tempel von »Te-Mahara« noch heute als der Punkt, auf dem der Gott Maui nach seinem Weltraumflug landete. [9] Das Gleiche gilt für die Ureinwohner von Atu Ona, einer kleinen Insel der Marquesa-Gruppe. Dort wird der Berg »Kei Ani« als Ort der göttlichen Niederkunft angesehen. Die Urpolynesier nannten den Berg »Tautini-Etu«, wörtlich übersetzt: »Berg, auf dem die Götter landeten.« [10]

Bei Moses wird die Niederfahrt Gottes mit folgenden Worten geschildert: »Der Berg Sinai aber war ganz in Rauch gehüllt, weil der Herr in Feuer auf ihn herabgefahren war. Und der Rauch stieg von ihm auf wie von einem Schmelzofen, und der ganze Berg erbebte stark.« (2. Mose 19, 18) [11]

Der Schöpfergott Ta'aroa der Gesellschaftsinseln stieg mit Lärm auf das Meer hernieder. Die See schäumte bis zu den Wolken. [12] Dasselbe gilt für die Kulturbringer Melanesiens. [13]

Der Ursprungsgott auf der Insel Kiribati im Pazifik hieß Nareau. Er kam »aus der Dunkelheit des Alls« und schuf hier Pflanzen, Tiere und den Menschen. [14]

Die Gläubigen der Bon-Religion (Tibet) überliefern, ihr Gott »Nyatri-Tsenpo« sei mit sechs weiteren himmlischen Königen auf einem »Geisterseil, der Dmu-Schnur, vom Himmel gestiegen«. Mit einer »magischen Säule« sicherte er die Verbindung der Menschheit zum Himmel. [15]

Die Karaja, Eingeborene am oberen Orinoko (heutiges Venezuela), berichten von ihrem Kulturbringer »Zume«, der »mit Feuer aus dem Himmel kam«. [16]

Die erste Landung des griechischen Gottes Apollo – Sohn des Zeus – fand mit einer »himmlischen Barke« statt. So geschehen am Berg Parnass, dem späteren Delphi. [17]

Der chinesische Urkaiser »Yi King« (auch: I Yin) landete mit einer »silbernen Gondel« auf den Gipfeln des K'un-lun-Gebirges. [18]

Die Tootoosh-Indianer an der Nordwestküste Kaliforniens überliefern, einst sei der »Thunderbird« (Donnervogel) vom Himmel gestiegen und habe ihre Vorfahren unterwiesen. [19] Dieselbe Bezeichnung kennen die Ureinwohner von Britisch-Kolumbien (Kanada). [20] Seit Urzeiten wird dieser Thunderbird in Form von sogenannten Totempfählen dargestellt. (Bild 141 und 142) Die Pawnee-Indianer im heutigen Nebraska, USA, sind überzeugt, der Mensch sei von Sternenwesen erschaffen worden und diese himmlischen Lehrmeister seien immer wieder »mit Rauch und Feuer« zur Erde herabgestiegen. [21] Dasselbe gilt generell für viele Indio-Überlieferungen. [22, 23]

▸ 141

► 142

Von himmlischen Wesen, die einst mit Lärm aus den Wolken stiegen, sprechen selbstverständlich auch die Hopi-Indianer in Arizona, USA. Sie stellen Ihre Lehrmeister heute noch in Puppenform oder in Gemälden dar. [24, 25]

Die Dinkas im Südsudan betrachten sich als Nachfahren des Himmelswesens »Mayual«. Dieses war mit einem Haus vom Himmel gestiegen und verschwand später mit Feuer und Rauch zu den Sternen. [26]

In den ägyptischen Pyramidentexten aus der fünften Dynastie werden in mehreren Versen Götterschiffe beschrieben. Beispiel 1 (Utterance Nr. 511): »Nut schreit vor Freude vor mir, bevor ich zum Himmel aufstieg. Der Himmel donnert für mich, die Erde schüttelt sich. Wie Hagelsturm fliegt es (das Schiff) weg …« Beispiel 2 (Utterance Nr. 267): »Eine Treppe zum Himmel ist für mich aufgestellt, damit ich zum Himmel aufsteigen kann, und ich stieg hoch auf dem Rauch des großen Gefäßes …, ich fliege auf dem Thron deiner Barke, oh Re … und ich darf auf deinem Platze sitzen und donnere über den Himmel in deiner Barke, oh Re.« [27]

Im japanischen Nihongi stieg einer der acht Götter namens »Susan o Wo no Mikot« mit Donner zum Himmel hinauf, sodass die Erde erbebte. [16]

Der Maori-Gott Tane kam mit Donner vom Himmel – im Weltall benutzte er den Blitz als Waffe. [16]

Die Kayapo-Indianer am Rio Fresco, Brasilien, zelebrieren heute noch Jahr für Jahr die Herniederkunft ihres himmlischen Lehrmeisters »Bep-Kororoti«. Er stieg mit Rauch und Feuer vom Himmel und sein Anzug hatte keine Öffnungen für Augen, Nase oder Ohren. [28]

Der tibetische Urkaiser und Kulturbringer Gesar stieg mit einem Drachen vom Firmament hernieder. »Der Himmel dröhnte, die Erde bebte, röhrendes Drachengebrüll ertönte. Ein fünffarbiger Regenbogen spannte sich vor seinem Haupte.« [29]

So ist es: Und sie waren doch da!

Literaturverzeichnis

1. Kapitel: Besuch von Sirius

[1] Griaule, Marcel: »Un système soudanais de Sirius«. In: *Journal de la Societé des Africanistes,* Tome XX, Fascicule I. Paris 1950

[2] Temple, Robert K. G.: *The Siruis Mystery.* London 1976

[3] Bonn G. und Sachmann H.-W.: »Das Sirius-Rätsel: Für und Wider«. In: *Das Erbe der Götter.* München 1997

[4] Griaule, Marcel und Dieterlen, Germaine: *Le renard pâle. Le mythe cosmogonique.* Travaux et Mémoires de l'Institut d'Ethnologie. Paris 1965

[5] Griaule, Marcel: *Schwarze Genesis.* Freiburg 1970

[6] Maleck, Wolfgang: »Visuelle Sichtbarkeit von Sirius B?« In: *Ancient Skies,* 20. Jahrg., Nr. 2/1996

[7] Fiebag, Johannes: »Was zu beweisen war«. In: *Sagenhafte Zeiten,* Nr. 1/1999

[8] Bonin, W. F.: *Die Götter Schwarzafrikas.* Graz 1979

[9] Brion, Marcel: *Die frühen Kulturen der Welt.* Köln 1964

[10] De Barros, João: *Decades da Asia.* (Ohne Angaben)

2. Kapitel: Glaube überflüssig

[1] *Die Heilige Schrift des Alten und des Neuen Testaments.* Württembergische Bibelanstalt, Stuttgart 1972

[2] Riessler, Paul: *Altjüdisches Schrifttum außerhalb der Bibel. Die Apokalypse des Abraham.* Augsburg 1928

[3] Hommel, Fritz: *Der Gestirnsdienst der alten Araber und die altisraelische Überlieferung.* München 1901

[4] Beer, B.: *Leben Abrahams nach Auffassung der jüdischen Sage.* Leipzig 1859

[5] Janssen, Enno: »Testament Abrahams«. In: *Unterweisung in lehrhafter Form. Jüdische Schriften,* Band II. Gütersloh 1975

[6] Cole, Donald: *Abraham, God's Man of Faith.* Chicago 1977

[7] Riessler, Peter: *Altjüdisches Schrifttum außerhalb der Bibel. Die Apokalypse des Abraham.* Augsburg 1928

[8] Gaster, M.: *The Chronicles of Jerahmeel.* New York 1971

[9] Albright, W. F.: »The Name Shaddaiand Abram«. In: *Journal of Biblical Literature,* Vol. LIV. Philadelphia 1935
[10] Böhl, Franz M. Th.: *Das Zeitalter Abrahams.* Leipzig 1930
[11] Kremer, Alfred von: *Über die Südarabische Sage.* Leipzig 1866
[12] Grömling, Willi: *Tibets altes Geheimnis: Gesar, ein Sohn des Himmels.* Groß-Gerau 2005
[13] Bin Gorion, Micha Josef: *Die Sagen der Juden von der Urzeit.* Frankfurt 1919
[14] Burrows, M.: *Mehr Klarheit über die Schriftrollen.* München 1958
[15] Kautsch, Emil: *Die Apokryphen und Pseudepigraphen des Alten Testaments,* Band II., Tübingen 1900
[16] Kenyon, Kathleen M.: *Die Bibel und das Zeugnis der Archäologie.* Düsseldorf 1980
[17] Hertz, Wilhelm: *Targumim. Gesammelte Abhandlungen.* Stuttgart/Berlin 1905
[18] Sulzbach, A.: *Targum Scheni. Zum Buch Esther.* Frankfurt/M. 1920
[19] Pritchard, James: *Solomon & Sheba.* London 1974
[20] *Kebra Nagast. Die Herrlichkeit der Könige.* Herausgegeben von Carl Bezold, 23. Band, 1. Abteilung. München 1905
[21] Rajagopalachari, C.: *Ramayana.* Bombay 1975
[22] Meissner, Hans-Otto: *Abenteuer Persien.* München 1975
[23] *Enzyklopädie des Islam,* Band IV. Leipzig 1934
[24] von der Osten, Hans Henning und Naumann, Rudolf: *Takht-i-Suleiman. Vorläufiger Bericht über die Ausgrabungen 1959, Band I.* Berlin 1961
[25] Carra de Vaux: *L'Abréhé des Merveilles.* Paris 1898
[26] Al-Mas'ûdî: *Bis zu den Grenzen der Erde.* Tübingen/Basel 1978
[27] Kanjilal, Dileep Kumar: »Fliegende Maschinen im Alten Indien«. In: Däniken, Erich von: *Habe ich mich geirrt?* München 1985
[28] Forrer, Ludwig: *Südarabien. Nach Al-Hamdani's »Beschreibung der Arabischen Halbinsel«. Abhandlung über die Kunde des Morgendlandes, XXVII,* 3. Band. Deutsche Morgenländische Gesellschaft. Leipzig 1942
[29] Müller, David Heinrich: *Die Burgen und Schlösser Südarabiens nach dem Iklîl des Hamdani.* Zweites Heft. Wien 1881

[30] Schmidt, Jürgen: *Archäologische Berichte aus dem Yemen,* Band I. Mainz 1982

3. Kapitel: Falsche Gräber im Heiligen Land

[1] *The Jewish Encyclopedia: Aron.* York/London 1906

[2] Ginsberg, Louis: *The Legends of the Jews,* Vol II. Philadelphia 1969

[3] Brugsch, Heinrich: *Die Sage von der geflügelten Sonnenscheibe. Nach altägyptischen Quellen.* Göttingen 1879

[4] *Pierers Konversations-Lexikon,* Band III. Berlin 1889

[5] Gressmann, Hugo: *Die Lade Jahves und das Allerheiligste des Salomonischen Tempels.* Leipzig 1920

[6] Schmitt, Reiner: *Zelt und Lade als Thema alttestamentlicher Wissenschaft.* Gütersloh 1972

[7] Dibelius, Martin: *Die Lade Jahves. Eine religionsgeschichtliche Untersuchung.* Göttingen 1906

[8] Torczyner, Harry: *Die Bundeslade und die Anfänge der Religion Israels.* o. O. 1930

[9] *Neues Theologisches Journal.* Nürnberg 1898

[10] Sassoon, George und Dale, Robert: *The Manna-Maschine.* London 1978

[11] Schmid, Jakob: »Vom Gebirgsland Semien zum Roten Meer«. In: *Neue Zürcher Zeitung.* 24. Oktober 1970

[12] »Ich habe die Bundeslade gesehen«. In: *mysteries,* Nr. 5, Sept./Okt. 2009, Basel

[13] Gressmann, Hugo: »Mythische Reste in der Paradieserzählung«: In: *Sonderdruck aus dem Archiv für Religionswissenschaft,* Band X, 3. und 4. Heft. Leipzig 1907

[14] Däniken, Erich von: *Wir alle sind Kinder der Götter.* München 1987

[15] Strabo: *Geographika,* Buch XVI, Kapitel 4, Absatz 26

[16] Diodorus Siculus: *Historische Bibliothek,* Band XIX, Absätze 94–97

[17] Burckhardt, Johann Ludwig: *Reisen in Syrien und dem Gelobten Lande.* Jena 1822

[18] Harding, Lankester G.: *The Antiquities of Jordan.* London 1959

[19] Lindner, Manfred: *Petra und das Königreich der Nabatäer.* München 1970

[20] Pfeiffer, Robert H.: »Edomic Wisdom«. In: *Zeitschrift für die alttestamentliche Wissenschaft und die Kunde des nachbiblischen Judentums.* Herausgegeben von Hugo Gressmann. III. Band. Gießen 1926
[21] *The Jewish Encyclopedia: Aaron.* New York 1906
[22] Ginzberg, Louis: *The Legends of the Jews,* Vol III. Philadelphia 1968

4. Kapitel: Nichts Neues unter dem Himmelszelt

[1] *Ramayana: The War in Ceylon.* (Ohne Angaben)
[2] Roy, Chandra Pratap: *The Mahabharata. Drona Parva.* Kalkutta 1888
[3] Fukuyama, Francis: »The end of History«. In: *The National Interest.* Sommer 1989
[4] Buel, J. W.: *The Story of Man.* New York 1890
[5] Kanjilal, Dilep Kumar: *Vimanas in Ancient India.* Kalkutta 1985
[6] Apollonius (Rhodius): *Die Argonauten des Apollonius.* Zürich 1799
[7] Schefold, Karl und Jung, Franz: *Die Sagen von den Argonauten.* München o. J.
[8] Bopp, Franz: *Ardschunas Reise zu Indras Himmel.* Berlin 1824
[9] Grünwedel, Albert: *Mythologie des Buddhismus in Tibet und in der Mongolei.* Leipzig 1900
[10] Rao, Gopinatha: *Elements of Hindu Iconography,* Vol. I, Part 1. Madras 1914
[11] Getty, Alice: *Ganesa: A Monograph on the Elephant-faced God.* Oxford 1936
[12] Thomas, P.: *Myths and Legends of India.* Bombay 1973
[13] Däniken, Erich von: *Was ist falsch im Maya-Land?* Rottenburg 2011
[14] Stuart, David und George: *Palenque, Eternal City of the Maya.* London 2008
[15] Burgard, Hermann: *Encheduanna. Geheime Offenbarungen.* Groß-Gerau 2012
[16] Burgard, Hermann: *Encheduanna. Verschlüsselt, verschollen, verkannt.* Groß-Gerau 2014

5. Kapitel: Und sie waren doch da!

[1] White, John: *Ancient History of the Maori,* Band III. Wellington 1887
[2] Nicholson, Irene: *Mexican and Central American Mythology.* London/New York 1967
[3] Anders, Ferdinand: *Das Pantheon der Maya.* Graz 1963
[4] Craine, Eugen und Reindorp, Reginald: *The Codez Peres and the Book of Chilam-Balam of Mani.* University of Oklahoma, 1979
[5] Brugsch, Heinrich: *Die Sage von der geflügelten Sonnenscheibe nach altägyptischen Quellen.* Göttingen 1870
[6] Geldner, Karl-Friedrich: *Der Rig-Veda,* II. Teil. Wiesbaden 1951
[7] Sahagun, Bernardino de: *Wahrsagerei, Himmelskunde und Kalender der alten Azteken.* o.O. 1950
[8] Lehmann, Walter: *Die Geschichte der Königreiche von Colhuacan und Mexico.* Stuttgart/Berlin 1938
[9] Buck, Peter: *Vikings of the Pacific.* Chicago 1972
[10] Handy, Edward Smith Craighill: *The Native Culture in the Marquesas.* The Bernice P. Bishop Museum, Bulletin Nr. 9, Honolulu 1923
[11] *Die Heilige Schrift des Alten und des Neuen Testaments.* Württembergische Bibelanstalt. Stuttgart 1972
[12] Handy, Edward Smith Craighill: *The Native Culture in the Marquesas.* The Bernice P. Bishop Museum, Bulletin Nr. 9, Honolulu 1923
[13] Fox, Charles, E.: *The Threshold oft the Pacific.* London 1924
[14] Talu, Alaima u.a.: *Kiribati – Aspects of History.* Tawara 1979
[15] Hermanns, Mathias: *Das Nationalepos der Tibeter. König Gesar.* (Ohne Angaben)
[16] Dopatka, Ulrich: *Die große Erich-von-Däniken-Enzyklopädie.* Oberhofen 2004
[17] Ebenda
[18] Ebenda
[19] Webber, William, L.: *The Thunderbird »Tootosh« Legends: Folktales of the Indian Tribes of the Pacific Northwest Coast Indians.* Seattle 1936
[20] Marriott, Alice und Rachlin: *Plains Indian Mythology.* New York 1975

[22] Coffer, William E. (Koi Hosh): *Spirits of the sacred mountains. Creation stories of the American Indian.* New York 1978

[23] Teit, James A.; Gould, Marian K. u. a.: *Folk Tales of Salisham and Sahaptin Tribes.* New York 1917

[24] Morriseau, Norval: *Legends of my People – The great Ojibway.* New York/London 1965

[25] Blumrich, J. F.: *Kasskara und die sieben Welten.* Düsseldorf 1979

[26] Walters, Fank: *Book of the Hopi.* New York 1971

[27] Habeck, Reinhard: »Maskentanz und Stammeskult«. In: *Das Erbe der Götter.* München 1997

[28] Faulkner, R. O.: *The ancient egyptian Pyramid Texts.* Oxford 1969

[29] João Americo Peret: »Ein Fremder im Urwald«. In: Däniken, Erich von: *Der Götter-Schock.* München 1992 (Seite 114 ff.)

[30] Grömling, Willi: *Tibets altes Geheimnis: Gesar, ein Sohn des Himmels.* Groß-Gerau 2005

Bildquellen

Bilder 2, 3, 4, 5, 7, 8, 9, 10 und 11: Peter Fiebag, Northeim

Bilder 26, 27, 41 bis 45, 53 und 60: Gustav Dorée, *Wikimedia Commons*

Bild 52: *The Jerusalem Post,* 14. April 2006

Bild 95: *United States National Archives* via *japanairraids.org*

Bilder 141 und 142: *Fotopedia, Totem poles Stanley park,* Vancouver, British Columbia

Alle anderen Bilder:

CH-3803-Beatenberg, Schweiz

Liebe Leserin, lieber Leser,

wie in jedem meiner Bücher möchte ich Ihnen die Gesellschaft für Archäologie, Astronautik und SETI vorstellen – abgekürzt AAS. Wir suchen nach neuen Antworten, weil die alten in vielen Bereichen überholt sind.

Es ist unser Ziel, einen anerkannten Beweis für den Besuch von Außerirdischen auf unserer Erde zu erbringen. Dies vor Jahrtausenden. Dabei wollen wir den Grundregeln des wissenschaftlichen Erkenntnisgewinns folgen, uns aber nicht von bestehenden Dogmen oder Paradigmen eingrenzen lassen.

Im Zwei-Monats-Rhythmus geben wir die Zeitschrift *Sagenhafte Zeiten* heraus, die allen Mitgliedern der AAS zugestellt wird. Wir organisieren nationale und internationale Konferenzen und führen Studienreisen an interessante archäologische Stätten durch.

Unser jährlicher Mitgliedsbeitrag beläuft sich auf 49.– Euro/57.– CHF (Stand Herbst 2013). Wissenschaftler wie Laien aus allen Berufsgruppen gehören zu uns. Wir sind kein exklusiver Club. Jeder kann dabei sein.

Ich würde mich freuen, wenn Sie Gratisauskünfte erbitten bei:

AAS, Postfach, CH-3803 Beatenberg
www.sagenhaftezeiten.com
E-Mail: info@sagenhaftezeiten.com